苫米地英人コレクション

08

人を動かす[超]書き方トレーニング

劇的な成果が手に入る驚異の作文術

苫米地英人

はじめに

「世の中には悪文があふれている」

あなたはそう嘆かれているかもしれません。

また、「上手な文章を書きたい」という思いがあるのかもしれません。

この本は、あなたが「人を動かす」文章を正しく上手に書くためのノウハウを一冊にまとめたものです。

さて、あなたが本書を手に取られた目的は、おそらく二つに大別されると思います。

一つは小説のような「文芸作品を書きたい」というもの。もう一つは「文芸作品以外のものを書きたい」というものです。

あらかじめはっきりさせておかなければなりませんが、本書の内容は「後者」に重点を置いています。

その理由は二つあります。

一つは、世の中で書かれている文章というもののほとんどが「後者」だからです。

「後者」として想定される文章には、ビジネス文書（企画書、プレゼン資料、稟議書等）、論文（学術論文、ビジネス関連の業界論文等）、メール（ビジネス、プライベート）、ブログ、ツイッター、SNS、手紙、入試小論文、大学などでの課題論文やレポート、就職活動におけるエントリーシートや自己PR作文などがあります。

これらは作家のようなごく一部の限られた人ではなく、普通に生活している一般の人たちが書く文章（文書）です。

つまり本書は、一般の人が一般の生活の中で必要としている文章の書き方をメインに取りあげているわけです。


文芸作品をメインの対象としないもう一つの理由は、文芸作品を書くための指南書というもの自体がありえないからです。文芸作品が評価されるための重要な要素に「オリジナリティ」があります。オリジナリティを書籍という形で不特定多数の読者に伝えることは、事実上不可能です。

「でも、文体を学ぶとか、基本的な書き方を習うことには意味があるのではないでしょうか」

そんなふうに思う人もいるかもしれません。しかし、もし本気でプロの作家になろうというのであれば、基本的な書き方とか文体を本から学ぼうとしている段階でアウトです。プロの小説家に本気でなろうとしている人たちは、誰に教わることもなく、もうすでに小説を書いています。書きたいことが自分の中にあふれていて、それが湧き出るように書いているはずなのです。

どうしても小説家になるための書き方を学びたいというのなら、「書き方の本」ではなく、名作と言われる小説を片っ端から読みあさった方が何倍も意味があります。自分の好きな作家ばかりでなく、幅広い分野から古今東西の小説を読みましょう。

ただし、本書は小説のような文芸作品の書き手を目指す人に向けても、文芸以外の一般の文章と対比する形で、参考になるヒントも盛り込んでいます。大いに意義のあるヒントですので、ぜひ参考にしてください。

先ほど、文芸以外の一般の文章として例をあげましたが、実はこれらはある特徴によって一括りにすることができます。第一章でも述べていきますが、これらは「**自分の世界、自分の持っている臨場感をいかに相手に伝えるか**」をテーマにした文章です。

これに対して、小説のような文芸作品は「相手の世界、相手の臨場感をいかに豊かにするか」をテーマにした文章です。この違いを意識できるかどうかだけでも、書く際のスタンスが大きく変わってきます。

メインとして取り上げる文学以外の一般的な文章についてですが、これは文学とは違い、書くのに特別な才能を必要とするわけではありません。ちょっとしたコツを身につけたり、ちょっと練習するだけで、必ず一定レベルにまで上達することができます。

本書はタイトルに「人を動かす」という言葉が入っています。これは他人の臨場感を豊かにするのではなく、**自分自身の臨場感を人に伝えることによって世の中を動かしたい**という読者を想定していると考えてください。

文章を書くという行為は、基本的に「読まれる」ことを前提としています。読み手がいるということが大前提です。その読み手をいかに「動かす」か。この「動かす」には、物理的に「動いてもらう」ことだけでなく、人の「心」を動かす意味も含まれています。

私は毎年、数十冊の書籍を執筆しています。また研究者として、多くの学術論文を提出しています。情報発信のためにブログの更新は現在も頻繁に行っています。「書くこと」と私の人生は切っても切り離せません。そこから得た私の経験や学者としての研究成果をまとめ、一般の人に「書き方」を伝えようと、私はこの本を上梓しました。

この本には大きな特徴があります。それは、書き方を扱った本によくある「例文」を、意図的に載せていません。理由は簡単です。例文は、あくまでその例文にかなった状況でしか、その文の有効性が発揮されないからです。

一〇年、二〇年、あるいはそれ以上長く使えるような、より本質的なテーマに基づいてこの本は書かれています。さまざまな「書き方」を検証・吟味したうえで、いつの時代にも通用する「書き方」の方法をお伝えします。

読者のみなさんが、本書の内容を実践の場面で活用し、人と人の心、そして世の中を動かす人になってくれることを望んでいます。

苫米地英人

人を動かす［超］書き方トレーニング 劇的な成果が手に入る驚異の作文術／目次

第二章　あなたの世界観や知識を上手に伝えるには？

第三章　論理的な文章の書き方

第四章　小論文・エントリーシート・自己PRの書き方

第五章

小説の書き方

第六章

新聞の文章は参考になるか？

第七章　日本の国語教育を考える

第八章　書くための「感性」を磨け

序章

「名文」とはなにか？

◉「名文」とは本当に「名文」なのか？

世の中には「名文」と呼ばれる文章があると言われています。書店にも「名文の書き方」のような本が並びます。もしかすると、本書を手に取られたみなさんも「どうやったら名文が書けるのか」という期待を込めて読まれているかもしれません。

では、「名文」とは一体何なのでしょうか？　ある文章が「名文」かどうかをはかるものさしがあるとすれば、それはどんなものさしなのでしょうか。これがはっきりしない限り、「名文の書き方」を指南することは不可能です。

ところが多くの場合、この「名文」というものが暗黙の了解として、はっきりさせられないまま話が進んで行ってしまいます。「名文の書き方」を掲げた本でも、書き手が考える「名文」と読み手が考える「名文」とが乖離したまま話が進み、最後に残ったのは書き手の自己満足と読み手の消化不良による失望感だけ、というケースも少なくありません。

みなさんが考える「名文」とは、いったいどんな文章なのでしょうか。

「まずそこから教えてほしい」という人もいるかもしれません。ごもっともです。はっきり言いましょう。

世に画一的に言い切れる「名文」というものはありません。なぜなら、**「名文」とは結果論**だからです。

なんらかの文章があったとき、それが「名文」か否かは、どうにでも転びうるということです。逆に言えば、いま世の中で「名文」と呼ばれている文章があったとしても、なんらかの要因によって「悪文」と呼ばれていたかもしれませんし、今後の評価によっては「悪文」に転落するかもしれないのです。また、人によって評価が異なり、ある人が「名文」と評価しても、別の人は「悪文」と評価することもあり得ます。

たとえば、当時は「名文」と謳われた明治の文豪の文章をいま読んでみてください。とくに若い人たちの多くは「なにを言っているのかさっぱりわからない」と思う文章も多いでしょう。「誰が見ても名文だ」と言い切れる人は少ないはずです。

結局は、長い間にわたってたくさんの読者が「おもしろい」と評価したから名文と言われるにすぎません。「明治の文豪が書いたのだから名文に違いない」と思われているだけであって、仮にまったく同じ文章を現代のライトノベルの作家が書いたとしたら、名文どころか「何を言っているのかわからない」と評価されることでしょう。

戦時中に書かれた戦意高揚のための文章は、当時は「名文」と言われたかもしれません。しかし、現代の私たちから見たら、そんな戦争賛美の文章は完全に「悪文」でしょう。

あるいは、アメリカのリンカーン大統領は演説で「人民の人民による人民のための政治」という「名文」を残しました。キング牧師は「I have a Dream.」という言葉で人種差別撤廃を叫び、これも「名文」と言われています。

しかし、リンカーンの言葉もキング牧師の言葉も、彼らの業績やその後に暗殺され歴史に名を残したというコンテクスト（文脈）と相まって「名文」と評価されているのです。

そうしたコンテクストのない人（別のコンテクストの人）、たとえば日本の政治家が演説で「人民の人民による人民のための政治」と言っても、「選挙前だけのパフォーマンスだ」と思われて終わりでしょうし、宝くじ売り場に並んでいる人が「I have a Dream.」と言ったところで、「欲張りだ」「当たるわけない」などと思われて終わりでしょう。そこには「名文」のかけらすらありません。

◉あなたは「名文」を書く必要はない

結果論である以上、「名文」を書こうという努力にはあまり意味がありません。むしろ、「名文」を書こうとすればするほど、なんらかの画一的な基準にとらわれるという弊害が発生します。

では、文章を書くとき、書き手はどういう文章を目指せばよいのでしょうか。あるいは、なにが一番大切なのでしょうか。

これを考える際にも、「はじめに」で見た二種類の文章、つまり「文芸作品」と「それ以外」で異なってきます。

文芸作品の場合は「情緒」とか「文章そのものの味わい」、また「余韻」といった、読者の情動への働きかけが大切になってきます。ただ、すでに述べたように、本書でおもに扱う対象は、こちらではありません。

本書が主として扱うことになるのは文芸作品以外の一般的な文章ですが、そこで重要なのは「内容」です。作者が伝えたいことと言ってもよいでしょう。伝えたい内容が乏しいのに、情緒たっぷりに書かれても、読み手には伝わりません。

たとえば、異性にラブレターを書くというケースを想定してみてください。ラブレターこそ「情緒」が大事だと思う人が多いかもしれませんが、そうではありません。最も大事なことは、その文面に表現される情緒ではなく、あなたがその異性をどれだけ好きかという気持ち（＝伝えるべき内容）です。**その気持ちをどれだけ正確に文章にできるかが重要**なのです。

それほど好きではないにもかかわらず、文面で美辞麗句を並べたてたとしても、それは「名文」でもなんでもありません。単なる騙しのテクニックにすぎません。

自分が相手をいかに好きか、どれほど大切に思っているかを切々と語ったラブレターがあったとします。読んだ人が書いた人の気持ちに感動して、その愛に応えたいと思う文章だったと仮定しましょう。さて、それは「名文」でしょうか。

もし、それを書いた人が本当にすばらしい人で、相手を思う気持ちも本物で、その思いが的確に表現されていたとしたら、それを「名文」と言ってもよいでしょう。しかし、もしそれを書いた人が結婚詐欺師で、相手を騙す目的で書かれたものだったとしたら、これ以上の「悪文」はありません。

文章自体に「悪文」か「名文」かの基準があるわけではないというのは、こういうことなのです。

ラブレターの内容に「実」が伴っていることが大事なわけですから、相手の心を動かすラブレターを書くために**あなたが磨くべきものは文章力ではなく、人間性であったり、誠実さであったり、他人への思いやりの深さ**といったものです。それがあって初めて、その人間性や誠実さを上手に伝えるにはどうすればよいのか、という話になるわけです。

なお、これについては、最終章でもう一度詳しく見ていくことにします。

◉「名文」への憧れはきっぱりと捨てよう

みなさんがまず最初にやるべきことは、「名文」への憧れをきっぱりと捨て去ることです。詩人や小説家を目指すのではなく、一般的な文章を上手に書きたいと思っている人たちにとって大事なことは、表面的な文章力を磨くことではありません。

まずは、**書くべき内容を自分の中にしっかりと持ってください**。その内容は、他人に伝える価値のある内容でしょうか。あるいは、他人が興味を持って読んでくれる内容でしょうか。そうでなければ、他人に伝えるべきもの、他人が興味を持ってくれるものにまで高めてください。

伝えるべき内容がかたまったらOKです。次章からの内容をしっかりと読んで、それを実践してみてください。

本書を最後まで読み終わったとき、あなたは「名文家」ではない、本物の「文章の達人」になっているに違いありません。

序章のまとめ

- あなたの「気持ち」をどれだけ正確に文章にできるかが重要。
- あなたが磨くべきものは文章力ではなく、人間性や誠実さ、他人への思いやりの深さ。
- 書くべき内容を自分の中にしっかりと持つ。

第一章

あなたの文章に「再現性」はあるか?

◉書くことの基本は「読む」こと

最初から結論めいたことを書いてしまいますが、**書くことの基本は「読む」こと**にあります。いい文章を書きたいのであれば、いい文章をできるだけたくさん読むことです。

「いい文章を読めと言われても、なにを読めばよいのかわかりません」

そう思うかもしれません。しかしほとんどの人は絶対的に読書量が足りませんから、とにかく、本をたくさん読むことを心掛けましょう。

興味のある分野の文章を手当たり次第に読んでいく中で、「この人の文章はおもしろいからもっと読んでみたい」とか「この人の文章はひどいのでもう読みたくない」といった価値判断が出てくるはずです。それが出てきたら、もっと読みたい文章をどんどん読んでいきましょう。同時に「読みたい」と思う範囲を広げていくと、読書の幅そのものが広がり、あなたの文章の広がりにもつながっていきます。

すでに書きたいこと、主張したいことがあるなら、その分野に関する文章をたくさん読んでおく必要があります。オリジナルの主張だと思っても、すでに誰かが当たり前のように書いてしまっているかもしれません。そうでなくても、周辺の知識が増えることは、薬になることはあっても毒になることはありません。他の人がその分野のことをどのように表現しているかも参考になるはずです。

論の進め方などは外国語で書かれた文章が参考になります。

歴史的に評価されている書物、たとえば『法の精神』(モンテスキュー)や『統治二論(市民政府二論)』(ロック)、『種の起源』(ダーウィン)などは、その内容もさることながら、論の展開自体もとても明快なので参考になります。

本当は原文で、あるいは英訳で読むのがよいのですが、日本語訳でも論の展開自体は変わらないので、日本語訳を読んでもかまいません。

悪文はなるべく読まず、いい文章だけをたくさん読みたいと思うかもしれませんが、序章でも書いたように悪文か名文かは結果論ですから、先になんらかの絶対的な基準があるわけではありません。

ですから、自分の興味の向くままにどんどん読んで、自分なりの価値判断で取捨選択していくしかありません。そうやってたくさん読むことで得られた自分なりの価値判断の基準こそが、あなたの文章力の礎になってくれるのです。

◉文芸作品の多くは「一過性」の文章

「はじめに」でも書いたように、本書は基本的に文学以外の一般的な文章の書き方を対象としています。そうした、一般的な文章の書き方でも、文芸作品との比較はたいへん意味のあることなので、まずはその違いについて深く掘り下げていきたいと思います。

「はじめに」では、その一つとして「相手の世界の臨場感を豊かにするか」「自分の世界の臨場感を伝えるか」という違いを示しました。前者が文芸作品、後者が一般的な文章です。

ここでは別の視点からその違いを検証します。それは「一過性」と「再現性」です。**「文芸作品」の多くが「一過性」、「一般的な文章」が「再現性」**というキーワードで括ることができます。

「いや、優れた文芸作品は何度も読みたいと思うのだから、再現性があるはず」と思う読者もいるかもしれません。ただ、何度も読みたい、何度も読む価値がある文芸作品というのは稀で、ごく一部の本当に優れた作品に限られます。少なくとも作者は、何度も読まれることを想定して書いてはいないはずです（これもごく一部の非常に優れた作品を除いてですが）。

あるいは百歩譲って、作者にその意図があり、それを実現できるだけの優れた才能があったとしても、文芸作品が流通ルートに乗った瞬間、つまり出版社、取次、書店というルートで商品化された瞬間、「再現性」を期待されない消費されるべき商品となります。出版社や取次、書店は、読者に一つの作品を何度も読み続けてもらうよりも、別の作品を読んで（買って）もらうことを望んでいるわけです。

「一過性」という言い方がどうしてもしっくりこないという人には、「読むという時間を楽しむための文章」と言い換えてもよいでしょう。「読む行為そのものを楽しむための文章」とも換言できるかもしれません。つまり、時間という一過性のものを有意義に過ごすための文章ということです。

ではこれに対して、一般的な文章が「再現性」をもっているというのはどういうことでしょうか。

もちろん現代はさまざまな文章があふれていますから、再現されないものもたくさんあります。再現どころか、不要なメールマガジンのように、一瞥のもとに廃棄される文章すらあります。

お金を出して買った小説を、不要なメールマガジンのように一瞬で廃棄する人はいないでしょう。それでも、文芸作品以外の一般的な文章を「再現性」のある文章と言ったのは、「書き手の意図」という視点からそう言えるからです。少なくとも書き手は、何度も読まれることを期待して書いています。書かれた内容、知識、論理が、何度も繰り返し活用されることを望んでいるのです。

「再現性」＝「何度も読まれる」というのは別の言い方をすると、「**あとで思い出してもう一度読まれる可能性を十分に考慮に入れて書いている**」ということです。

たとえば、買ってもらいたい商品があって、その商品をメールマガジンで紹介したとします。このとき、読者に読む時間の楽しみを提供することを目的には書かれません。理想は読んだ瞬間に商品を買いたくなることですが、読んだときには購買意欲がわかなくても、時間をおいて必要になったときにその商品が自然と思い出されるような書かれ方をするはずです。

あるいは論文などの場合、書き手は、自分が発表した知識が別の人にどんどん利用され、さらに新たな発明、発見に結びついてほしいと考えながら書いているはずです。

◉文章に大切なのは、「情緒」か？「情報」か？

別の見方をしてみましょう。**文芸作品は「情緒が豊か」**、**一般的文章は「情報が豊か」**という違いがあります。これなら多くの人が納得できるのではないでしょうか。そもそも、書き手も読み手も、文芸作品には「情緒豊か」を期待し、一般的文章には「情報豊か」を期待しているはずです。

小説なのになぜか主人公が知識やノウハウばかり説明していてはおもしろくありません。ビジネスメールやプレゼン資料なのに、情緒たっぷりに情景描写されていたり、書き手が人生に悩んでいるさまが書かれていたら、それは大変な場違いです。

文芸作品は読み手に「情緒（情動）」が期待されているのに対して、**一般的な文章は読み手に「情報」が期待されている**からです。もちろん、書き手も通常はそれを理解しています。ですが、ごくまれに、ビジネス文書なのに「情緒（情動）」を前面に出した文章を書く人がいます。これは問題です。

書き手は「これだけ書けばこちらの熱意が伝わるだろう」などと思っているのかもしれませんが、読み手がほしいのは、それが商品であればいかに優れているか、いかに便利か、いかに売れるかという具体的な情報です。熱意ばかり読まされる方は「早く本題に入ってくれ」と思うはずです。

文学など文芸作品の場合は、文体や文章表現など、読む時間そのものを楽しむという性質上、いくら長い文章を読まされても、その文章が作品として優れていれば怒る人はいません。


ですが、ビジネス文書など一般の文章の場合はそうはいきません。

私は、ビジネス文書には時候のあいさつすら必要ないと思っています。

最近はメールが増えたのでかなり減ってはきましたが、以前はビジネス文書の文頭にも「道端の花に春の足音を感じる今日この頃、いかがお過ごしでしょうか」といった、私的な手紙のあいさつ文のような文言をつけることがよくありました。実際、「ビジネス文書の文頭には時候のあいさつをつけなさい」と指導する人もいました。

ですが、読み手にとってはこれこそまさに時間の無駄です。時候のあいさつの中に、ビジネスに必要な情報はありません。

念のために付け加えますと、私は「時候のあいさつ」そのものが無意味だとか無駄だと言っているわけではありません。ビジネス文書に入れるのは無駄であり、読み手にとっては迷惑だと言っているだけです。私的な手紙にはむしろ入れるべきです。手紙の場合は、読み手が情緒を期待して読むことも多いからです。

ビジネス文書や論文のような一般的な文章は、中に書かれている具体的な「情報」がすべてです。**冗長な部分をできる限り排除して、いかに簡潔に「情報」を伝えられるかがポイント**です。

◉文芸作品は「文体」自体を味わうもの

さらに別の表現をすれば、小説のような文芸作品は「文体」を味わうものであり、それ以外の一般的な文章で「文体」はあまり重要ではなく、「内容＝情報」にどれだけ価値があるかが重要であると言えます。

「小説だってストーリーという内容を味わうものではないでしょうか」という反論があるかもしれません。しかし、物語の類型というのは、ギリシャ神話の中にほぼ出尽くしているると言われているのです。

フランスの批評家ロラン・バルトは『物語の構造分析』や『S／Z』といった著作の中で、世界の有名な物語の構造を分析して類型化しようと試みました。たとえば、「物語の主人公は冒険に出かけていき、度重なる困難を乗り越えて目的を達成する」とか「主人公の目標達成の前に立ちはだかる妨害者が出てくる」など、いくつかのパターンを示したのです。

こうした物語のパターンはギリシャ神話ですべて出そろっていて、それより時代があとの物語は、ほぼギリシャ神話のパロディだと言っても過言ではないのです。

では、そんなギリシャ神話のパロディをなぜ多くの人はおもしろいと思って読むのでしょうか。それは、物語の内容ではなく、文体、すなわち**文章そのものを楽しむことができるから**です。

似たような話でも、文体によって味わいがまったく異なるというのは理解してもらえると思います。村上春樹氏の小説は、彼独特の文体に味があり、それを味わうことに大いに価値があるわけですが、彼の小説のストーリーがおもしろいかと言われれば微妙です。私は、彼の魅力はその文体にあるのだと思っています。

逆に「情報」が大事な一般的な文章の場合、「文体」に価値が置かれることはありません。プレゼン資料の文章が『1Q84』のような書かれ方をしていてはまずいのです。

◉二種類の書き方を混在させてはいけない

ここまで、「一過性」「読者の臨場感」「情緒」「文体」というキーワードでくくられる「文芸作品」と、「再現性」「作者の臨場感」「情報」「内容」というキーワードでくくられる「一般的な文章」という、二つのカテゴリーの違いについて見てきました。

こう書きますと「私は小説なんか書かないから、『一過性』『読者の臨場感』『情緒』『文体』の方の書き方は一切必要ない」と思う人もいるかもしれません。ですが、必ずしもそうとも言い切れません。

先ほどのように私的な手紙などでは情緒を使っていいわけですし、手紙以外でも情緒を使って書くケースはありえます。ただ、本書では詳しく解説しないというだけの話です。必要な場面もありますので、「手紙の書き方」のような本を読まれることはけっして否定しません。

ただ、この両方の書き方を身につけた場合でも、**一つのドキュメントに両方を混ぜて書いてはいけません**。

書く前に必ず「これから書く文章はどちらの文章だろうか」ということをはっきりさせてから書き始めてください。そして、そのドキュメントを書き終わるまでは、決してもう一方の書き方を混ぜてはいけません。

だからこそ、ビジネス文書に時候のあいさつはいらないのです。

小説とビジネス文書が別物だというのは「当たり前じゃないか」と思われるでしょうが、実際の場面ではしばしば混用されます。まずは書き出す前にこの二つの違いと、自分はこれからどちらの文章を書くのかをしっかりと意識する癖をつけるようにしましょう。

◉解釈は読み手に委ねられている

本書を手にしたみなさんはおそらく、自分の書いた文章が読み手にうまく伝わるにはどうしたらよいのだろうという思いで読まれていると思います。

その背景には、「これでうまく伝わるはずだ」と思って書いた文章なのに、自分の言いたいことが読み手にうまく伝わらなかったという経験があったのではないでしょうか（そうでなければ、本書を手に取ったりしないはずです）。

そうしたみなさんの「救い」に（ある意味では「絶望」にも）なることをお伝えしましょう。

それは「**言葉の解釈は常に読み手に委ねられている**」、ということです。そう、書き手がどんなに緻密に、詳細に、正確に書いたとしても、読み手が書き手の意図とまったく違った解釈をするリスクはつねにある、ということなのです。

ですから、みなさんが「これほどしっかり書いたのにうまく伝わらない」と思ったのは、ある意味、必然とも言えるわけです。**どんな文章でもうまく伝わらないのが大前提**なのです（これは文芸作品でも同様です）。

解釈が読み手に委ねられている以上、書き手の臨場感を伝えようとするとき、一回読んだだけですべてを理解してもらうというのは、事実上不可能です。できる限り正確、かつ詳細に伝えるためには、同じ本を何度も読んでもらうか、もしくは**伝えたい内容を視点を変えて何度も書く**しかありません。

ただし、何度も読んでもらうという行為も読者に委ねられたものであり、作者が強要することはできません。必然的に「後者」を選択することになり、私自身も実際にその手法を選択しています。

「苫米地の本は同じことが書いてある」という批判を目にすることがあります。実際にはそんなことはありませんが、あえて意図してやっている部分もあるのです。ただ、その本ごとにゲシュタルトは異なるので、同じような内容に思える事柄でも、その意味するところは、その都度異なってきます。

本当は私の本も何度も読んでもらいたいのですが、それを読者のみなさんに強要することはできません。

さらに難しい問題があります。それは、「人間の脳は知らないことは認識できない。しかし、よく知っていることは（知っていると思ってしまったことは）あえて認識しようとしない」というジレンマがあるということです。

人間の脳は、知らない情報は認識できないようになっています。**新しい情報であっても、すでにもっている情報記憶との関連づけで認識する**のです。

よくわからなかったことがすでに知っていることとつながって、「ああ、それって、こういうことか」という感じで理解した経験は誰にでもあると思います（というか、認識や理解というものはすべてそうなのです）。

関連づけられる既知の情報がないと、脳に引っかからずに（認識できずに）滑り落ちてしまいます。これが、知らないことは認識できないという意味です。

これに対して、相矛盾するかのようですが、「よく知っていることはあえて認識しようとしない」という法則があります。ここで問題なのは、本当は知っていることではないのに、「知っている」と思い込んでしまうことがよくあるという点です。

本当によく知っていることなら認識できなくても問題ありません。既知の情報であれば、まったく同じ情報を上書きしてもしなくても、なにも変わりません。まずいのは、実は同じ情報ではないのに、「あ、これ知ってる。あれのことだ」と思い込んで、認識せずにスルーさせてしまうことです。違うデータなのに、「あ、このデータ、もう保存してある」と**勘違いして廃棄してしまってはまずい**のです。

「スコトーマ」という言葉があります。ある既成概念にとらわれすぎてしまい、新たな情報が見えなくなる状態（あるいは見えなくしているもの）を指します。

たとえば、ある人が「ダイエットは体に悪い」という情報をもっていたとします。実際、過度なダイエットで体を壊す人も多いので、間違いではありません。あるいは個人的な経験として、ダイエットで体を壊したことがあるのかもしれません。

この情報を強く信じている人に対して「いいダイエット法がある」といくら伝えても、まず聞く耳をもたれないでしょう。「体にいいダイエット法」というものがあるのかどうかは知りませんが、仮にあったとしても、情報はその人の耳に入りません。「ダイエットは体に悪い」という**既成概念がスコトーマを作り、新たな情報をシャットアウトしてしまう**のです。

もっと簡単な例で言うと、なにかにつけて「ああ、それ知ってる」と言っては他人の話をさえぎってしまう人がいます。そんなになにもかも知っているはずはないのですが、とにかく他人の話に聞く耳をもちません。「知っている」と思った瞬間にスコトーマができて、情報を遮断してしまうのです。

これは、もともとは、脳が自分自身を守るために身につけた能力のようです。あまりに多くの情報を処理しようとすると、脳もオーバーヒートを起こしてしまいます。そうならないように、脳は適度に手抜きをする術を覚えたのです。ただ、一度手抜きを覚えると、とても楽なので、さまざまな場面で使うようになってしまったのです。

さて、ここで文章の書き手は途方に暮れてしまいます。先ほど述べたように、相矛盾するジレンマに陥るのです。

読み手は「**知らない情報は認識できない**」。

しかし、「**知っている情報は認識しない**」。

しかも「**その判断は読み手に委ねられている**」。

まさに八方ふさがりな状態と言えそうです。

本書の最大の存在理由は、この「八方ふさがり」にどうやって道を切り拓き、抜け出すかを示すことです。書き手が自分の考えや知識、臨場感などを読者に伝えるというのは、この八方ふさがりからいかにして抜け出すかということに他なりません。

その具体的な方法については次章以下で詳しく見ていきますが、**書く作業というのは常に読者のスコトーマに対する挑戦である**ということを忘れないでください。

◉ブログの内容を出版につなげたいと思っている人へ

最近はツイッターなどさまざまなコミュニケーションツールが登場していますが、コミュニケーションの手段としてブログを書いているという人もまだまだ多いようです。一時期のように誰もがアフィリエイト目的でブログを開設するといった動きは沈静化していますが、それでも、ブログで自分自身の考えや、文芸作品のようなものを発表している人は少なくありません。

アフィリエイト目的でも、露骨な宣伝では誰も見向きもしません。やはり、普段からしっかりとしたことが書かれているからこそ、多くの人が見に来てくれるのだし、**内容や書かれた情報に価値があると思われるからこそ、読んでくれる**わけです。

人を集められるブログを書くためのノウハウも、次章以下で詳しく見ていく方法論で十分に対応できます。

ただし、「ゆくゆくはブログの内容を寄せ集めて、本を出したい」と考えている人には、「本を書くためのブログの書き方をしないと難しい」、と言っておきたいと思います。とくに、『電車男』（新潮社刊）が大ヒットしたころから、「ブログなどを使ってネットでおもしろいことを書いたら、本が出せて、印税生活ができるのではないか」などと考える人が増えたと聞きます。

はっきり言いますが、『電車男』がヒットしたのは「たまたま」です。その証拠に、似たようなものや続編のようなもので同様のヒットを飛ばしたものはありません。

なぜ「たまたま」だと言い切れるのか。

それは、ブログなどのパーソナルメディアは基本的に、「作者の臨場感を一方的に強く押し出す」性質をもっているからです。「**読み手にどうやって自分の臨場感を伝えようか**」**という視点がなくても、十分に成立してしまうメディア**なのです。

もちろん、そうした視点をもって書かれているブログもあるでしょう。しかしそれはほんの一握りです。その一握りの中のさらにほんの一握りが本になって、そのまたほんの一握りだけがヒットするのですから、いかに難しいかがわかると思います。

本気で本を書きたいということなら、ブログではなく、きちんと構成を考えたうえで本の原稿を書いた方が有意義です。何人かに読んでもらって、「これはおもしろい」「勉強になった」「多くの人に読んでもらいたい」というようなポジティブな意見が聞けたら、出版社にでも持ち込んでみましょう。本になるまでにはさまざまなハードルが控えていますが、可能性はゼロではありません。あるいは、この段階を経てからなら、出版を見越してブログにアップしてみるのもよいでしょう。

ただし、「おもしろい」だけではダメです。出版社というのは「この本を出して儲かるか」という商業的な視点で出版の可否を判断します。「売れる本の原稿になっているかどうか」が判断基準のすべてなのです。

先ほども書きましたが、ブログというのは作者の臨場感が一方的に強く出やすい媒体です。小説というのは、「読者の臨場感を豊かにする」ものですから、作者の臨場感ばかりが強く出てしまうとよい小説にはなりません。万が一、いや億が一、ヒット作が書けたとしても、間違いなく一発屋で終わってしまうことでしょう。

本には本の、ブログにはブログの書き方があるということです。その書き方、書く内容の整理法については、第二章で見る「チャート式トレーニング」が非常に参考になります。

◉文章を書くことは共同作業である

世に出す文章というものは、けっして一人だけで書く孤独な作業ではなく、すべからく共同作業であると言えます。これは古今東西の大作家であっても、あるいは大発明や大発見を発表する学術論文の執筆者であっても同様です。

どんな大作家であっても、必ず担当編集者がいます。大作家であろうと、まず全体のテーマや構成について、編集者と打ち合わせをしてから執筆することになります。

担当編集者だけでなく、編集長も原稿を読むでしょう。また、大きな出版社なら編集者とは別に校正・校閲を担当する人がいますから、この人たちも読みます。複数の人が読み、改善すべき点を述べ（書き込み）、それを担当編集者がまとめて、執筆者にフィードバックします。

一度原稿を書き終えても、それについてそれぞれの人が「ここはこうした方がいい」「ここにはこの話があった方がいい」などと意見を出し合いブラッシュアップしたうえで、初めて本になるわけです。書いた原稿がそのまま何の手も加えられずに本になることはほとんどありません。

論文でも同様です。

必ず査読委員という人がいて、その人から「ここを修正してください」といった指摘があり、修正するたびに査読してもらい、最後に「これなら発表してよい」となります。文章を手直しするということはあまりありませんが、内容の部分で何度か査読委員とのやり取りがあって完成するものなのです。

博士論文のような、指導教員がいる場合ならなおさらです。スタートの段階から、指導教員と何度もやり取りをしながら完成させていくことになります。

「では、偉い教授などが論文を書くときにはどうなのだろう」と思われるかもしれません。通常、論文というのは若い研究者が出世のための糧として書いていくものなので、偉い先生はほとんど論文を書きません。もし書く場合でも、当然、共同作業になります（そもそも研究自体が共同作業なので、その研究作業担当者が分担して書くケースがほとんどです）。どんなに偉い教授でも、書いた論文原稿が誰の目にも触れずに、いきなり世に出るなどということはありえません。

「ビジネス文書はどうなのか」と思う人もいるでしょう。ビジネス文書でも同様です。他社の人に見てもらう重要な文書（会社の意思を伝えるような文書）が、責任者が目を通すことなく提出されることはまずありません。

ただ、現実的には一人で仕上げなければならないこともあるでしょう（それほど重要ではない文書やスピードが要求される文書などの場合）。そんなときは、一人の人が複数の役割を兼ねて、何度も読み直す必要があります。自分の立場で書いたものでも、部下の立場、上司の立場、取引先や消費者の立場など、**さまざまな視点で読み直し、擬似的共同作業にする必要がある**のです。

◉「圧倒的な知識量」が書き手には求められる

もう一つ、論文にしろ、書籍にしろ、あるいはビジネス文書（企画書やプレゼン資料など）やブログであっても、**書き手の臨場感を相手に伝える文章を書く場合、書き手は読み手よりも知識量が圧倒的に多いことが前提**となります。

そうでないと、読み手が読む価値がありません。多くの人に「そんなこと知ってる」と思われる文章は読み手にとって時間のムダであり、そんな文章にあたかも知識量たっぷりな顔をして目の前に出てこられては迷惑千万なのです。

読み手を圧倒するほどの知識量がないのであれば、本来、文章は書けないはずなのです。書き手はまずそのことを認識する必要があります。

知識量の少なさを文章力で補おうとしても無理です。文章力というのは、圧倒的知識量をどのように伝えやすく表現するか、という方法にすぎません。**中身がないのに、表現だけを整えれば伝わる文章になると思っていたら、大間違い**なのです。

これはたとえば「英語力を高めたい」という人などにも共通して見られることです。英語力は高いに越したことはありません。しかし本当に大事なのは、英語力そのものではなく、英語で語るべき内容なのです。

世の中には、英語はとりあえずしゃべれるが、話す中身がほとんどないという人も多いのです。もしそんな日本人ばかりが「英語がしゃべれる」というだけの理由で海外でほとんど中身のない内容をしゃべりまくったらどうなるでしょうか。外国人に「日本人は内容のあることを話せない」と思われてしまうことでしょう。

同様に、文章力は高いに越したことはないのですが、それは**書くべき内容がしっかりとあることが大前提**なのです。内容があるからこそ、文章力に意味が出てくるわけです。

「知識のない人は文章を書くな」と言いたいわけではありません。現代は、否が応でも文章を書かねばならない局面が多いわけですから、「書くからには書く分野の知識をしっかりと、しかも圧倒的な量を身につけてほしい」ということです。

さて、次章からは具体的な書き方について見ていきます。まずは、先ほど見たジレンマ、読者のスコトーマへの挑戦というところに焦点を当てて述べていきます。

この章のまとめ

- 書くことの基本は「読む」ことにある。
- 「文芸作品」の多くが「一過性」、「一般的な文章」が「再現性」。
- 文芸作品は「情緒が豊か」、一般的文章は「情報が豊か」。
- 一つのドキュメントに「文芸」と「一般的な文章」を混在させてはいけない。
- 言葉の解釈は常に読み手に委ねられている。
- 伝えたい内容は視点を変えて何度も書く。
- 新しい情報であっても、読み手はすでにもっている情報との関連づけで認識する。
- 既成概念が読み手にスコトーマを作り、新たな情報をシャットアウトしてしまう。
- 読み手は「知らない情報は認識できない」が、「知っている情報は認識しない」。
- 内容や書かれた情報に価値があると思われるからこそ、人は読む。
- 書き手は読み手よりも圧倒的に多い知識量を持つこと。
- 書くべき内容をしっかりと持つこと。

第二章

あなたの世界観や知識を上手に伝えるには？

◉全体像ができあがってから書きはじめる

なにを書くにしても、まず**全体像ができあがってから書きはじめる必要があります**。もちろん、細かい部分については書きながら修正していけばよいのですが、全体を貫くテーマ、全体の構成、話の流れなどは、頭の中でできあがってから書き始めなければなりません。

「そんなこと当たり前だ」と思われるかもしれませんが、しっかり頭の中で全体を作りあげてから書いている人というのは、実は案外少ないのです。

文章を書き始める前に「だいたいこんな感じ」という程度では考えるかもしれませんが、そういう状態で書きはじめると、必ずどこかで行き詰ります。自分はなにを書くはずだったのか、話をどこに落とし込めばよいのかが、途中でわからなくなってしまうからです。

こういう人の多くは、思いついたことを順に書いていこうとしてしまいます。一本道を進んで行けば、やがて結論にたどり着くに違いないと思ってどんどん書き進んで行きますが、最初にうっすら考えていた結論とは似ても似つかないところにたどり着いてしまい、始めと終わりで大きく矛盾する（あるいは、何の関連もない）話を書いてしまうことになります。

「一本道」で書くというのは、思いついたことをまず書いて、その書いたことを受けて次を書くということを繰り返す方法のことです。これをやってしまうと必ず出口を見失ってしまう上に、言いたいこと、伝えるべきことがぶれてしまいます。

「順を追って書く構成案のようなものを作るな」という意味ではありません。むしろ、全体が漠然としていてはっきり認識できていない場合は、必ず作るべきです。それを見たり、修正したりすることで、全体像もはっきりしてきます。

こうした**全体像をはっきりさせることなく、行き当たりばったりで書いてはいけない**ということです。

「ゲシュタルト」という言葉をご存じでしょうか。簡単に説明しますと、「部分の総和と違った（総和以上の）全体ができあがること（構成要素それぞれの「関係性」によって新たな概念や価値が生まれること）」を言います。

たとえば、何個かの点と何本かの線を描いたとします。部分という意味では、「点」と「線」

だけです。それ以外の意味はありません。しかし、その「点」と「線」がうまく結びつくと、「図形」というゲシュタルトができます。

点を四つ描いて直線で結ぶと、脳は「四角形」という図形として認識します。さらに点を増やしてうまく線を描いてやると、その図形を脳は立方体や直方体などと認識します。

しかし、部分としての「点」や「線」に、もともと「四角形」とか「立方体」「直方体」という要素があったわけではありません。そんな要素は「点」や「線」のどこにもありません。それぞれがある法則で寄り集まったことで**お互いに関係性が生まれ、そこから「図形」というゲシュタルトが生まれた**わけです。

音楽もゲシュタルトの好例です。

「ド（C）の四分音符」とか「ミ（E）の二分音符」という部分に、楽曲のメロディーはありません。でも、「ドレミ、ドレミ（ドとレは四分音符、ミは二分音符）」という音を聞いたら、（日本人なら）多くの人が『チューリップ』という曲の冒頭を思い浮かべることでしょう。一つ一つの音符はその音と長さしか表さないのに、ある法則で並んだとたんに「楽曲」としてのゲシュタルトができあがるわけです。

これが「書き方」とどういう関係があるのかというと、書きたい「部分」を適当に並べても、全体として言いたい「ゲシュタルト」になるとは限らないということです。**書物や文書というのは、それ全体で一つのゲシュタルトとして完成されていなければなりません。**単なる「部分」の集合体では、言いたいことは伝わらないのです。

ですから、先にゲシュタルトができている状態を作ってから書きはじめる必要があるのです。さもないと、書いているうちに別のゲシュタルトができてしまったり、何だかさっぱりわからないゲシュタルトになってしまったりするのです。

本当に優れた作曲家は、頭の中で曲が全部できあがっている状態で譜面を書きはじめます。一小節目を書いて、「さあ、二小節目はどんなメロディーにしようかな」というような作曲の仕方はしません。頭の中で全体像ができあがっているので、譜面にそれを書き写すだけなのです。

優秀なコンピューター・プログラマーも同様です。行き当たりばったりでソースコードを書いていくようなプログラマーはよいプログラマーではありません（これは「悪い」プログラマーです）。頭の中で全体像を作り上げ、そのうえでプログラミング言語で記述していくというのが、本当のプログラマーなのです。考えながら作っていく人の頭には全体像がありません。最後に完成する全体は「偶然」の産物ということになります。言いたいことを伝えるのに「偶然」が最大の拠りどころでは、とても心もとありません。

ただし、全体をしっかりと見通すためには、知識量の多さが求められます。あとで検索すればわかるような細かい事柄はともかく、**認識としての知識(抽象化された知識)は大量に持っている必要がある**のです。

第一章でも述べた「圧倒的な知識量」というのは、伝える知識を取捨選択できるということに加えて、**「ゲシュタルト」を作る際の材料として必要となる**わけです。全体のイメージを作りあげたときに、整合性のある全体を細かいところまで臨場感高く見通すことができるかどうか。それにはどうしても、知識量に依るところが大きいのです。

たとえば、「日本が取るべき経済政策について」というテーマでなにか文章を書くとき、日本経済の知識だけでは足りません。日本以外の経済の知識も必要ですし、個々の企業活動についての知識も必要でしょう。

経済学者の論文に読み手にとっての臨場感が低いものが多いのは、ほとんどの経済学者に実際のビジネスをした経験がないからです。

机上の経済理論に関する知識は大量にあるので、それについての臨場感は高いのかもしれませんが、実際のビジネスの場を知らないため、ビジネスに関する知識（経験も含めて）が乏しく、その臨場感が低いのです。すると、どうしても企業活動の現実に関する文章から説得力が欠落します。商売をやったことのない人が経済理論を書くことは、本来、極めて難しいのです。

臨場感を高いレベルで保持するには、机上の知識だけでは足りません。**体験レベルでの知識こそが最も高い臨場感を醸成します**。多くの経済学者が書く経済理論は、「理論」にはなり得ても、ビジネスをする人のための「実践」にはほとんど役立たないのはこのためです。

すでに書いたように、文学ではない一般的な文章というのは、作者の臨場感を伝えるために書かれます。しかし、そもそも作者に強い臨場感がなければ、伝えようがありません。それゆえに体験レベルの知識が重要になります。

◉抽象度の高い概念で体験的知識を括る

ここで「ならば、臨場感たっぷりの体験的知識そのものを書けば伝わるわけだ」と思われた方もいるかもしれません。ですが、それはちょっと早合点と言わざるを得ません。具体的な体験的知識は必要なのですが、それを主題にしても「その体験」だけしか伝わりません。

後にも述べますが、体験的知識を文章に入れ込むことは臨場感を高めるのにとても有効な手段です。ただ、「体験的知識だけ」を伝えても意味がない、ということです。

本来、**書き手が伝えたい内容というのは、体験的知識よりももっと抽象化されたもの**のはずです。読み手も、書き手の体験だけ読まされても「だから何なんだ」と思うだけです。自分が読み手になったと仮定するとすぐにわかると思います。

たとえば「教育論」についてなにか書こうとするとき、体験的知識の乏しい人は、「机上の論理」で「子どもが自主的に学ぶ環境を作ることが大切です」などと書くかもしれません。しかしここには臨場感がないため、説得力がありません。

逆に、体験的知識が豊富でも、それればかり書いたのでは意味がありません。「日本で私が通った上智大学では、こんな教育をしていました。それに対して、留学したアメリカのイエール大学ではこんな教育をしていました。また、カーネギーメロン大学ではこうでした」と言ったところで、上智大に入りたい人が、イエール大、カーネギーメロン大に留学したいと思っている人しか聞く耳（読む目？）を持ってくれないでしょう。

これは、臨場感は高いかもしれませんが、伝えるべき価値のある内容がないからです。読み手にしてみたら、「その情報は何の役に立つのだろう」と思うかもしれません。

体験的知識というのは、あくまでも臨場感を高めるための一要素として使います。「論」をイメージしやすくするための「例」のような役割と言ってもよいでしょう。

「どちらも両極端。両方をうまく合わせればよいではないか」と思われた方は、ここまで私が書いた内容をしっかり理解されています。そのとおりなのです。つまり、「子ども（大学生）が自主的に学ぶ環境が大切だ」というテーマで、上智大、イエール大、カーネギーメロン大での自主的に学ぶ環境をどう作っているかという体験的知識を書き、それらをもとに共通点を見出して、主張したいことを語ればよいのです。

このように、複数の具体的な項目の中から共通項を見つけ出して、その共通項で括ることを「抽象度を上げる」と言います。**臨場感の高い具体的な体験的知識群を抽象度の高い概念で括って、それを中心に語ると、読み手にとって有用かつわかりやすく、伝わりやすい文章になる**わけです。

念のために言っておきますが、これは「タイトルを決めろ」という意味ではありません。実際のタイトルは最後の最後でもかまいません。ただ、全体を括っている抽象度の高い概念、ゲシュタルトとして成り立っている概念を確立して、それをしっかりと認識してから書きましょう、ということです。

◉スコトーマのジレンマを解消する書き方とは?

第一章で読者の「スコトーマ」の話をしました。人間の脳は知っていることしか認識できないが、知っていると思った瞬間からスコトーマの原理が働いて認識できなくなるというジレンマがある、ということでした。

このジレンマを解消する方法こそが、書き手が常に意識しなければならないことなのですが、ジレンマというくらいでなかなか一筋縄ではいきません。ここでは、この絡んだ縄を一つ一つ解いていきながら、相手に伝わる書き方の基本を学んでいきたいと思います。

まず、書き手が相手（読み手）に伝えたい事柄があります。これが大前提で、なければなにも書けません。しかも、読み手が知らないような圧倒的な知識量の中から厳選された内容でなければなりません。

多くの人が誤ってしまうのは（ある意味、やむを得ないことなのですが）、この圧倒的知識量に裏打ちされて、書き手としては臨場感たっぷりの内容を、書き手の臨場感そのままの状態で書いてしまうことです。つまり、「A」という内容を伝えたいとき、「A」と書くのが当たり前だと思っている人が圧倒的に多いのです。

もちろん、それで伝わるケースもあります。読者が「A」に興味を抱いている場合、かつ「A」という内容を初めて知った場合などです。興味のあることで、なおかつ初めて知る内容ならば、読者は自然と食いついてきてくれます。当然、しっかりと読んでくれますから、しっかりと伝わる確率も断然高まります。

しかし、不特定多数に向けて発信する場合（ブログのような媒体もここに入ります）、そういう読者ばかりではありません。あるいは不特定多数ではなく、プレゼン資料のような場合でも同様です。

「A」という内容に興味がないと思われてしまった瞬間に読者はその内容を認識しなくなり、読んでくれるかどうかすら怪しくなります。ビジネスにおける企画書やプレゼン資料でも、**読み手が興味、関心を示さないような内容であれば、たとえ読んでもらえたとしても認識には上がりません。**

読者には必ずスコトーマがあることを見越して、そのスコトーマに対するなんらかの手立て、工夫が必要になってきます。

スコトーマを回避して、書き手の主張を読み手に認識してもらうには、二つの方法が考えられます。

一つは「スコトーマのないところについてのみ語る」という方法です。読者が重要だと思っていることだけを語るのです。不特定多数の人が読む文章の場合は、全員がスコトーマにならないところを探すというのは困難ですが、なるべく多くの人が重要性を認識してくれるような、ごく一般的なことのみを語ればよいということになります。

この方法のよいところは、読者にまず間違いなく認識してもらえる点です。読み手に「この書き手は重要なことを書いている」と思われることは、読んでもらうための大前提であると同時に、読んだ読者がきちんと内容を認識し、理解するための大前提でもあるのです。

ただし、これだけでは読者にとって目新しい内容になる可能性は限りなく低くなってしまいます。たしかに読者が重要性を認識するには、読者がある程度知っている知識でなければなりません。しかし、読者に重要だと認識されたとしても、すでにある程度知っている内容が多くなれば、やがては「ああ、なんだ、これなら知ってる」というスコトーマに入ってしまう危険性があります。

重要だと認識されることしか語れず、目新しいことを語ると認識されなくなるという、またしても例のジレンマに陥ってしまうことになります。

このジレンマに対しても有効な方法があります。それは「スコトーマを外す」というものです。

スコトーマを外すというのは、それまで重要だと思っていなかったこと、**スコトーマに隠れて認識されていなかったことが実は重要なことなのだと読者に気付かせてあげる**ということです。

「それが難しいからジレンマに陥ってしまうのだ」と思われるのも当然です。たしかに実際にやろうとすると簡単ではありませんが、方法論としてはとくに難しいものではありません。

その方法論の第一は、「まず最初に誰でも知っている内容、あるいは重要だと思う内容について述べるが、そこで読者が知っている内容を裏切るようなことを述べる」のです。

たとえば、先ほどの「教育論」。子どもを持つ親なら普通は子どもの教育に関心があるでしょう。親世代には比較的興味をもって読んでもらえるテーマですが、それに甘んじず、最初のところで「**期待を裏切る**」**ような話を書くことで、一気に文章に引き込んでしまう**という方法があるのです。

あくまでも例ですが、もし、「親が子どもの教育に熱心になればなるほど、子どもの成績は下がります」などと書いてあったら、読み手はどう思うでしょうか。多くの親は自分の子どもの教育に熱心なはずです。「教育論」に関する文章を読もうという人ならなおさらです。

読み手は、「親は子どもの教育にどうかかわっていくべきだろう」とか「どうすればもっと子どもが勉強するようになるだろう」などと思いながら読み始めています。そこへ「教育熱心な親は子どもの成績を下げる＝あなたがやろうとしていることは、子どもの成績を下げる行為である」と読まされたら、どう思うでしょう。

「そんなバカな話はあるものか。だったら、子どもは放っておけと言うのか」と、心穏やかならない状態になることでしょう。

これがよいのです。実は、**情動を利用するとスコトーマが外れやすくなる**のです。とくに、「違和感」とか「反発」のような情動は、それを解決しなければ収まらないという気持ちになりますから、どうしても文章を読み進めずにはいられなくなるのです。ただし、最初だけで十分です。何度も連続して反発を抱かせてしまうと、読者が途中で読むのをやめてしまう恐れがあります。

情動に働きかけるということは、別に怒らせなくても、喜ばせたってよいのではないかと思うかもしれません。たしかに、喜ばせる(いきなり共感してもらうようなことを書く)のも一つの手です。ただし、**人間の脳には心地よいものよりも、違和感のあるものの方が認識に上がりやすい**という性質があります。

ですから、わざと読者の期待から外れる情報を出す方が効果的なのです。期待から外れた情報に接すると、脳はその情報に対する認識が増し、さらに、記憶にも残りやすくなります。

もちろん、この違和感が、おもな言いたいことではありません。言いたいことは読み手の認識を高めてから出します。たとえば「一時的にではなく、本当の意味で学力が伸びるのは、子どもが自ら進んで、自分でやりたいと思って学習に取り組んだときです」といったことを述べます。

ここが主たる主張になりますから、自身の体験や研究の成果などを稼働させて、持っている臨場感をフルに伝えます。論理的な裏付け、証拠のようなものも必要になるでしょう。読者は最初のところで違和感を覚えていますから、それを解消するべく読み進んでくれることでしょう。そこで、**本当に言いたい内容を、説得力を持たせる形で語っていきます**。

もし、最初の違和感なしで、いきなり「一時的にではなく、本当の意味で学力が伸びるのは、子どもが自ら進んで、自分でやりたいと思って学習に取り組んだときです」と述べたとしたら、読者はどう思うでしょうか。

好意的な読者でも「まあ、そうだよね」「でも、それが難しいんだよ」といった感じでしょうか。多くの読者は「そんなの当たり前」「他の人が言っているのと同じこと書いてある」といって、スコトーマによって認識しなくなってしまう可能性が高いでしょう。

さて、違和感で読者の認識力を高め、言いたいことを述べたら終わりではありません。**最後には読者の違和感を解消してあげる必要があります**。文章の最初で怒らせたら、最後は仲直りする必要があるのです。読者を怒らせたままでは、次に書く文章を読んでもらえなくなる可能性があります。

仲直りする最も有効な方法は、「怒らせた話とそのあとで語った話の両方を包み込むような、**抽象度の高い結論で結ぶ**」というものです。

先ほどの例で言えば「親が子どもの教育に熱心になればなるほど、子どもの成績は下がります」と書いて違和感を抱かせ、次に「一時的にではなく、本当の意味で学力が伸びるのは、子どもが自ら進んで、自分でやりたいと思って学習に取り組んだときです」と述べました。

ですので、たとえば「親は子どもの教育に熱心になればなるほど子どもに押し付けてしまいがち。だが、それでは子どもの自主性は育たない。その熱心さというエネルギーは、子どもの自主性を伸ばす方向に向けてほしい」といったことを書いたらどうでしょうか。

本題の部分で、「なぜ、子どもが自ら進んで取り組むと学力が伸びるのか(なぜ、無理強いするとダメなのか)」についてしっかりと述べていますから、その内容はすでに認識し、理解してくれているはずです。そこへ、最初の違和感を解消するように、「実はあなたは間違っていたわけではなく、ちょっとだけ力を入れる角度が違っていただけ。それを直せば、子どもの学習効果は格段に上がる」という意味のことを述べるわけです。そして、「子どもの自主性を伸ばす」ための具体的な方法論を書いてあげれば完璧です。

冒頭で違和感を醸成し、情動を揺さぶっておいて本論を説得力のある形で提示し(この方法論は次章で詳述します）、最後にすべてを包み込んで和解する。読者に最後まで読んでもらい、しっかりと理解してもらうための非常に有効な方法です。

ちなみに、**この方法論は小説にも利用できます**。読んでおもしろい小説というのは、冒頭からいきなり読者の情動を揺さぶってきます。その揺さぶりをどこで解消してくれるのだろうと思いながら最後まで一気に読んでしまったという経験は、小説を読む人なら誰でも経験があることでしょう。

もっとも、情動を揺さぶるだけ揺さぶっておいて、最後に解消しないで、読後も違和感を持たせ続ける小説も少なくありません。小説の場合は情動を揺さぶられたままの読後感を好む読者も少なくないのでこれでもよいのですが、小説ではない一般的な文章の場合は、**最後は読者の違和感を解消させるというのが鉄則です**。

書き手の臨場感を伝える際、読み手の臨場感を無視しては伝わりません。読者に知識がない（ゆえにスコトーマがある）ことについて語るからには、まったく違ったフレームワークでスコトーマが外れているものを先に見せて、実はそれが自分が主張したいフレームワークと深い関係がありますよというように見せていくと、読者のスコトーマを外せる可能性が格段に上がるのです。

冒頭で「仕掛け」て、中盤で「仕掛けに意味を持たせる主張」を書き、最後は「最初に意図的に仕掛けたアンバランスを、文章全体としてのゲシュタルトを作って解決する」という三段階を知っているだけで、読者の認識、理解は格段に上がるはずです。ぜひ、試してみてください。

◉スコトーマを外すための作文技術

読者というのはどうしても先入観をもって文章を読んでしまうものです。お釈迦様のような悟った状態で読まない限り、われわれ一般凡夫はどうしたって先入観をもって読んでしまいます。

しかし、先入観はスコトーマを生みますから、できる限り、**書き手は読者の先入観を取り除く努力をすることが必要になります。**

では、具体的にはどのような方法があるのでしょうか。

最近は「速読」がはやっているようで、書店に行くと「速読」に関する本がたくさん並んでいます。多くの速読法が勧めるやり方は「フォトリーディング」的な手法です。「フォトリーディング」というのは、本の映像を頭の中に写真のように焼き付けて、その映像を読み取っていくというものですが、このときにやるのは、「キーワードを拾って読む」という方法なのです。極端に言えば「飛ばし読み」です。

自分がよく知っているキーワードが目に飛び込んできたら、それを記憶してつないでいきます。すると、キーワードがどんどんつながっていき、あるストーリーの流れができあがります。この流れは本の流れとほぼ一致するはずなので、おおよその内容が把握できるわけです。

しかし、これには大きな落とし穴があります。キーワードを拾って読む場合、**すでに知っているキーワードしか拾えない**のです。知らないキーワードは認識できませんから、素通りです。その結果、よく知っている内容の本、あるいは内容の薄い本や内容よりもストーリー重視のものしか読めない、ということになってしまいます。

読者が「読めた」と思っても、すでに知っているキーワードだけを拾うときにスコトーマが生まれています。本人はわかったと思っても、大きな誤解をしている可能性が高くなるのです。

さらに、キーワードばかりを積極的に拾おうとしていますから、フォトリーディングをやればやるほど先入観が入りこんで、スコトーマを強める結果になってしまいます。

さて、ここで速読の話をしたのは、もちろん、スコトーマ外しのヒントになるからです。キーワードで読むとスコトーマが生まれるわけですから、**キーワードで読まれないように工夫すればよい**、ということになります。

読者は、読んでいる文章の中でなにが重要なのかを自分で考えながら読んでしまいます。よく知っている単語に出会うと、「これがキーワードだな」と思ってしまいがちなのです。こうなると先入観が完全にできあがってしまい、スコトーマが生まれます。「なにが重要かを考えずに読んでほしい」と絶えず訴えられればよいのですが、なかなかそうもいきません。

ただ、書かれた文章に対して読者がどういうスコトーマを持つかを予想して、それを回避するように書くことはできます。

人はものごとを認識するときに、「フレーム」と言って、ある知識の塊として認識します。ところが、「ああ、これは○○フレームだな」と認識してしまうと、そのフレームの中にあるべきものしか認識できなくなります。こうしたフレーム認識がスコトーマを生んでしまうので、特定のフレームを作らせないように、作られそうだと思ったら意識的に外すようにしなければなりません。

まずは「単語」に注意してみましょう。一般的によく使われる単語は、フレームを引き起こしやすい単語と言えます。

このとき、書き手が取り得る策が二つあります。

一つは、**その単語の意味を自分が伝えたい形できちんと定義すること**です。本来は単語の意味を逐一定義しながら書いていくべきなのですが、あまりにも一般的な単語まですべてを定義していくわけにもいきません。しかし、「通常はこういう意味に取られやすいが、ここではこういう意味で使っている」というように、重要な使い方をする際にはしっかりと定義しましょう。

もう一つの策は、「**フレームを引き起こしそうな単語はあえて使わない**」というものです。

私は以前バイリンガルに関する本を書きましたが、その本にはあえて「英会話」という単語を使いませんでした。私が伝えたかったことを要約すると、「英語を使いこなすことは大事だが、本当に大事なのは英語力ではなく、英語で話す内容だ」ということでした（本書の趣旨と根底のところで相通じるものがあります）。

ところが、その本の中でもし「英会話」という単語を使ったら、読者はどう認識するでしょうか。「英会話」という単語を見て、「ネイティブ並みの発音でペラペラと英語を話すこと」というイメージが湧く人も多いのではないでしょうか。

実際、英会話教材の広告などを見ても、「ネイティブ並みの発音が身につき、自分でも驚いています」といったようなコピーがあふれています。

でも、私が伝えたかったのは「発音なんてどうでもいい。それよりも話す内容が大事だ」ということですから、ここで「ネイティブ並みの発音をするのが英会話」というフレームで読まれてしまってはまずいわけです。

むしろ「会話能力すら重要ではない。あなたが、相手がぜひ聞きたいと思うことを話せば、必ず必死になって聞いてくれる」とさえ言いたかったのですから、ここで「英会話」という単語を使うのはリスキーなことだったのです。

ですから、「英会話学校なんて行く必要はない」というようなネガティブな文脈でのみ「英会話」という単語を使い、あとは意識的に使いませんでした。

こんなふうに、書き手が伝えたいことが間違って伝わりそうな単語や誤解されそうな言葉はあえて使わないか、使わざるを得ないのであればきちんと定義したうえで使うようにすることが大切です。

◉一つのドキュメントにつきコンセプトは一つにする

通常、一つのドキュメント（一冊の本、一片の文書、一通のメールなど）につき、書かれるコンセプトは一つです。

もし、この一つのコンセプトに対して読者にスコトーマが生まれてしまったら、そのコンセプトは認識してもらえなくなりますから、ドキュメント自体に価値がなくなってしまいます。

ですから、そのドキュメントの一つのコンセプトとはなにかをできるだけ早い段階で提示し、定義して読者にわかってもらい、かつそのコンセプトをドキュメントの最後まで貫き通さなければなりません。

コンセプトに読者のスコトーマが生まれないようにするためには、当然のことながら、**書き手がそのコンセプトを十分に理解して書く**必要があります。

「そんな当たり前なことを」と思われるかもしれませんが、現実の文書作成の場面では、意外にできていないことが多いのです。極端な場合、コンセプトそのものがない文章すら存在します。読んでいて、なにを伝えたいのかがさっぱりわからない文章に出会ったときというのは、たいてい書き手が自分の書くべきコンセプトを把握していないのです。

もっとも、「コンセプトがない」というケースよりも断然多いのが、「コンセプトが多すぎる」という文章です。一つのドキュメントに書きたいテーマを複数入れてしまうと、読者はたいていどれかを見落としたり、認識から抜け落ちたりします。

ビジネスメールでも、一通のメールにたくさんの用件を書き込んで送る人がいますが、これは非常に危険です。「1、2、3」というように番号でも振ってあればまだましですが（私はそれでも危ないと思いますが）、つらつらと並列に並べられていたら、必ずどれかは見落とされる、あるいは忘れられると思っておくべきです。

二つ用件があるならメールは二つに分けるべきです。読んだ人が、なんのために送られてきたメールなのかわからなくなるようなメールではまずいのです。

ブログでもそうです。一つのエントリー（一つのタイトル）で二つも三つもテーマがあったら、読む方はどの話が重要なのかわからず、内容が伝わりません。

一つの文書には一つのテーマ。複数のテーマを書きたければ文書を分ける。これが基本です。

◉優れた文書はパラグラフの最初にサマライズされている

ここからは少しテクニカルなことを話しましょう。テクニカルといっても表面的な技術ではなく、文書の本質ともいうべきものなので、さまざまな場面で応用が利きます。

まずは、「パラグラフ」という考え方についてです。

「パラグラフ」は日本語では「段落」などと訳されますが、日本語の「段落」というのは単に「改行」しているだけという場合が多いので、「パラグラフ」とは少し意味が違うと思います。

日本語の文章の場合、「読みやすいように」という目的で段落が作られているケースが圧倒的に多いのです（かくいう本書も、そのような体裁を取っています）。

改行がないままの文書があまりにも続くと読み手に威圧感を与えてしまうことがあり、読み進めてもらえなくなる恐れがあるのです。読み進めてもらえたとしても、読み手に威圧感を与え続けるというのは、書き手としてはできれば避けたいところです。

これに対して英語の文章の場合、大人向けの文章であればほぼ間違いなく、ある程度の文章の塊としての「パラグラフ」が存在します。ある意図を持って、段落分けがはっきりと意識的になされているのです。

簡単に言うと、ある意味の塊、言いたいことの塊が一つのパラグラフになっています。パラグラフを要約して各パラグラフの要約をつないでいくと、文章全体の要約が完成するように書かれているのです。

読み手にとってさらに好都合なことに、「パラグラフの最初の一文にはそのパラグラフのサマリー（要約）を書く」という暗黙の了解があります。欧米人はこうした文章の書き方を子どものころから訓練させられているので、ほとんどの人が無意識的にやっています。

さらに、「章」があったら、章の最初のパラグラフは章のサマリーになっています。この章ではこういうことを述べるのだと、最初の文章で宣言するのです。

これはどうやら、欧米人が「**書き手は多種多様な読み手の要請に合わせるように書く**」ということを、歴史的に常に意識して書いてきたからのようです。時間が十分にある人はしっかりと詳細まで読めばよいです。時間もないし、本を読み続ける気力もない（でも、内容は知りたい）という人には、パラグラフの最初だけを読めば大体の内容くらいはわかるという構成にすることで、できるだけ多くの人に内容を伝えることができるというわけです。

必ずこうした書き方をしなさいと言うつもりはありませんが、少なくともより多くの人の目に入る可能性がある文章なら、この方法に則っていないと読み手は戸惑います。また、このパラグラフというものを意識することで、自分が書く内容が頭の中でまとまりやすいという利点もあります。

少なくとも、**同じパラグラフに属する塊の中に、相矛盾する内容が書かれていてはまずい**のです。世の中の文章にはそうした矛盾した文章が意外に多いのですが、こうしたミスは、パラグラフを意識することでかなりの部分が解決できます。

◉一センテンスに動詞は一つが基本

よく言われていることですが、一つのセンテンスはできるだけ短い方がより伝わりやすくなります。短くする際には、**一つのセンテンスに使う動詞を一つにするとよい**です。

「～をしたとき、～した」のような構造の文ではある程度仕方ないと思いますが、「私が昨日、彼女と会ったのは、別れ話に決着をつけるためだった」のような文は、できれば避けた方がよいです。ここには、「会った」「決着をつける」「だった」と、一つのセンテンスに複数の動詞が使われています。

「決着をつけるためだった」はなんとか許されるとしても、「会った」と「決着をつけるためだった」は、別の文にした方がわかりやすくなります。

小説のような文章ではこうした書き方を好む人もいますが、一般的な文章では読みづらいうえに、情報が伝わりづらくなります。

この例の場合は「昨日、私は彼女と会った。それは、別れ話に決着をつけるためだった」のように、二つの文に分けてしまう方が読みやすくなり、内容が伝わりやすくなります。

また、日本語は単語が省略されやすい言葉のようで、主語が省略されたり代名詞が省略されたり、極端なものになると動詞が省略されたりすることもあります。ですが、書き言葉の場合は、できるだけ省略せずに書くべきです。

話し言葉なら「さっきまで本を読んでいました」という文も、「私は」が省略されているとすぐにわかるのでかまわないのですが、書き言葉でこれをやるべきではありません。

単語（語句）の省略を文法用語で「ゼロ化」と言います。「さっきまで本を読んでいました」の主語「私は」はゼロ化されているわけですが、文法上はあるものとして扱われます（ちなみにゼロ化された代名詞を「ゼロ代名詞」と言います）。

直前に出てきてあまりにも明らかな場合や何度も繰り返されている場合には、無駄にビット数（情報量）を増やさないようにあえて省略することもあるでしょうが、原則はあくまでも「ゼロ化」しないようにすべきです。

◉書き方が上手くなる「チャート式トレーニング」

次は少し話題を変え、「大括りのテーマはあるのだけれど、なにをどう書いてよいのかわからない」という人のために、書くための「チャート式トレーニング」について見ていきたいと思います（巻頭付録参照）。

すでに書いたように、本来は頭の中で全体像を作りあげてから書くのが正しいのですが、慣れないうちは、頭の中で全体像を作りあげるのが難しいと感じる人も多いでしょう。

そんなときは、紙に書いて頭の中を整理し、全体像を作ります。私は以前『苫米地思考ノート術』（牧野出版）という本を書きましたが、ここで使う方法もこのノート術の応用です。

前提としては、「大きなテーマはあるのだが、書く文章としてのゴール（結論）が見出せない」という人を対象にしています。ゴールがすでに見出せている人も、思考法として非常に参考になりますので、ぜひこの方法を活用してください。

⓪準備

まず、準備して縦横に座標軸としての線を引きます(巻頭付録)。『苫米地思考ノート術』では横軸を「時間」、縦軸を「抽象度」としました。縦の「抽象度」は意識してほしいのですが、ここでの横軸は「思考内容を列挙するためのスペース」くらいの意識でよいでしょう。

次に右上、縦軸の最上部のすぐ横のあたりに「大テーマ」と書いて、その下に自分が書こうと思っている大テーマについて書き込みましょう。この段階では漠然としたものでかまいません。巻頭付録はあくまでもトレーニングのための例です。それを前提に話を進めます。ここでは、「日本の電力・エネルギー政策」とでもしておきます。

さらに、今度は左端に大テーマと同じくらいの高さで、「結論」と書いて、その下は空欄にしておきます。**この空欄に言葉が書き込まれたとき、あなたが書くべき結論がわかったことになります**。

なお、すでに結論もわかっているという人は、「結論」にそれを書き込んでから、以下と同様のことをやってみてください。結論に至るために書くべきことが整理されるとともにに、より抽象度の高い、新たな結論が見つかる可能性もあります。

①事実に基づいて思いつくことを列挙する

まず、大テーマ、ここでは「日本の電力・エネルギー政策」について、事実に基づいて思いつくことを列挙します。**なんでもかまいませんし、いくつでもかまいません。**例ではスペースの関係上、「原発が津波で被災」「電力不足で計画停電に」という二つに絞っていますが、思いつくままにどんどんと列挙していきましょう。

②問題を見つける

相手になにかを主張する文章を書く場合、そこには必ずなんらかの問題発見があり、そしてその問題を解決するものになっていなければなりません。そうでないものは、読者にとって無意味だからです。読者が読んで「なるほど、そうか」「これは読んでよかった」と思うのは、**読者のスコトーマを外してくれるような意外な問題発見とその解決法が提示されたとき**なのです。

問題発見のない文章は読者にとって読む価値がありません。また、問題は提示されてい

●チャート作成の流れ

⑫結論する

↑

⑪調べる

↑

⑩さらに抽象度を上げる

↑

⑨事実を列挙し、より細かく考える

↑

⑧抽象度を上げ、新たな課題を見つける

↑

⑦一つのゲシュタルトをつくる
これまで書き込んできたことから導き出される結論を書く

↑

⑥方向性をより具体化する

↑

⑤長所短所を検証し、方向性を考える

↑

④長所短所(利益不利益)を挙げる

↑

③解決策を列挙する

↑

②問題を見つける
読者のスコトーマを外してくれるような意外な問題発見や解決法に着目する

↑

①事実に基づいて思いつくことを列挙する

↑

⓪準備

ても解決法が提示されていなかったら、読者にとっては「人騒がせな文章」ということになります。

なお、問題の提示と解決法の話は、このあともう少し詳しく見ていくことにします。

チャートに戻りましょう。ここでは、①で列挙した事柄を見ながら「問題発見」をします。大きな問題でなくてもかまいません。まずは小さな問題発見からはじめて、このあとの作業で順を追って大きな問題に迫っていけばよいでしょう。

巻頭付録の例では「電力不足解消の手立てはあるか」としました。問題そのものは「電力不足」だけですが、このあと問題解決法を探していくことになるので、「手立てはあるか」と書きました。

③解決策を列挙する

ここは②の問題の解決策を考えます。ここでも思いつくままに列挙します。細かな検証はこのあとで行うので、とにかく思いつくものをたくさん列挙してみましょう。

例では、「火力発電所の増設」「水力発電所の増設」「原発の増設」「代替エネルギーへシフト」という四つを書きました。もちろん、これ以外にも「一般家庭での節電」や「電力依存からの脱却」「産業界全体で電力削減する」などいろいろ考えられると思います。スペースの関係上、ここでは発電システムの列挙にとどめました。

④長所・短所（利益・不利益）をあげる

③で列挙した解決策をより深く掘り下げるために、それぞれの解決策について「長所と短所（その策を採用した場合の利益と不利益）」をあげます。これらは、次に「長所短所」を比較検討して一定の方向性を出すための検討材料になります。

例としては、まず③で「火力発電所の増設」とした部分については、長所を「安定供給が可能」としました。これに対して、短所は「化石燃料を使うのは問題」と書きました。「化石燃料を使うのは問題」というのは、「なにがどう問題なのか」という新たな疑問を生みます。そこで、矢印をつけて化石燃料を燃やすことの**問題点を列挙**しました。例では「日本は資源が少ない」「世界の埋蔵量にも限界」「温室効果ガス発生(?・)」としました。「温室効果ガス発生」のあとに「(?・)」を付けたのは、見解が分かれるところがあると考えられるためで、とくに深い意味はありません。

さらにここで少し視点を変えて「原油埋蔵国の力がさらに拡張」と書きました。火力発電を推進すれば、いわゆるオイルマネーで儲けている国々の力がさらに大きくなるだろうということです。

ただし、実際には火力発電における石油の使用量は全体の四分の一程度で、石炭や天然ガスの使用量の方が多いのですが、この段階ではとにかく思いついたことを書いていくことが重要なのであえて入れてあります。内容の真偽は、このチャートが完成したあとで確かめればよいのです。また、文章を書く際に使えるかどうかも、この段階では考慮しなくてかまいません。

次に「水力発電所の増設」についても同様に考えながら書き込んで行きます。ここでは、長所として「エネルギーがクリーン」、短所として「町が丸ごと水没」「自然破壊の問題」と書きました。スペースの関係もあり、例としてはこのくらいにとどめましたが、他にも「発電量が少ない」や「建設に費用と時間がかかる」などの短所が考えられます。もちろん、これらも書き込んでかまいません。

同様に、「原発の増設」「代替エネルギーへシフト」についても長所短所を検討します。「原発の増設」の長所は「温室効果ガス排出が少ない」、短所は「住民の理解が得られない」「災害による被害」とし、「代替エネルギーへのシフト」の長所は「エネルギーがクリーン」、短所は「発電量が少ない」「どれもまだ開発段階」としました。

⑤長所・短所を検証し、方向性を考える

次に④で列挙した長所短所を総合的に検証して、**とりあえずの方向性（結論）を出します。**まずは、③④の流れをそのまま受けて、それぞれについてひとまずの結論を出します。それらを総合して、全体としての方向性＝②で見つけた問題に対するいったんの答えを出します。

それぞれについての答えを出すことで、全体としての答えも比較的容易に見出せることでしょう。

例では、③の「火力発電所の増設」の答えとして「地球温暖化の世界世論の中、火力発電所は増やせそうにない」としました。「水力発電所の増設」の答えとしては「脱ダムの流れ」と「規模の割に発電量が少ない」としました。また、「原発の増設」の答えとしては「今後、原発は事実上無理」、「代替エネルギーへシフト」の答えは「課題は多いが、代

●長所短所を検証し、方向性を考える

2 これらを総合し、全体としての方向性（②で見つけた問題に対するいったんの答え）を出す

↑

1 ③④の流れをそのまま受け、それぞれについてひとまずの結論を出す

替エネルギーに移行せざるをえない」としました。

それぞれについて出揃ったところで、全体としての答えを出します。例では「火力・水力・原子力の既存の発電システムでは難しい＝代替エネルギーに頼らざるをえない」としました。ここで③で列挙した解決策からの流れは一点に集約されたので、次からは③で挙げた個別の解決策にはこだわらず、⑤の解決策について考察していけばよいことになります。

⑥方向性をより具体化する

ここでは⑤で出した方向性（結論）を**より深く考察して、具体的にしていきます**。例では⑤で「代替エネルギーに頼らざるをえない」

としているので、まずは「代替エネルギーとはなにか」と考え、「ソーラーシステム」「風力発電」「地熱発電」「その他」の四つをあげました。

さらに、これらについてもう少し深く、具体的に考え、思いつくことを列挙していきます。②の問題における解決策として具体性をもたせるという意味です。

例では、「ソーラーシステム」に対しては「一家に一台ソーラーシステム」とし、「風力発電」に対しては「騒音や振動が近隣住民に影響しないようにする」とし、「地熱発電」に対しては「火山国日本では高効率」「富士電機がニュージーランドで導入」とし、「その他」に対しては「エネファームのような都市ガス発電など」としました。

地熱発電の「富士電機がニュージーランドで導入」というのはあまり知られた情報ではなく、調べないとわからないことかもしれませんが、このように知識を補うためにここで調べて書き込んでもよいでしょう。

⑦一つのゲシュタルトをつくる

結論を出し、①から⑦までを総合的に捉えるゲシュタルトを完成させます。**これまで書き込んできたことから導き出される結論**を書きます。

例では「一つに絞ることはできないかもしれないが、代替エネルギーを組み合わせることで電力確保は可能だろう」としました。既存の発電システムに代わる代替エネルギーによる発電技術開発を複合的に進めていくことで、東日本大震災後の電力不足の解消は可能だろうという結論づけになっています。

⑧抽象度を上げ、新たな課題を見つける

①から⑦で一つのゲシュタルトをつくりあげたので、それだけで一つの文章（論文）を書くことが可能です。事実から課題を提示し、その解決策を細かく検証することで一つの結論を導くという流れはすでにできています。

ただし例からもわかるように、これだけでは一本調子で、読者に「わかっているよ」と思われるようなことが主題になってしまうケースが多くなります。読者にとって文章を読む意義とは、スコトーマが外れ、文章の中に「そうだったのか！」という驚きを伴った発見をすることにあると言えますから、これだけではやや不十分でしょう。

そこで、①から⑦でつくりあげたゲシュタルトをもとに、別の視点を加えて、新たな課

題を探します。

ここは頭の使いどころで、簡単に課題が見つかるというわけではありませんし、見つけるためのマニュアルもありません。とにかく**思考の抽象度を上げて、新たな課題を探す**のです。

例としては⑦で「(代替エネルギーの組み合わせによって)電力確保は可能だろう」としていることを受け、「これまで代替エネルギー開発が進まなかったのはなぜか?」という課題(問題)を新たに設定しました。

考え方のヒントとしては、①から⑦までのゲシュタルトを大テーマとして、①と②で行ったことを抽象度の高い状態でやることです。ここまででつくったゲシュタルトを①の事実と見なし、②でやったように問題を見つけるようにすると、見えてくるかもしれません。

このあと「調べる」という項目がありますから、この段階では思いつきでかまいません。疑問に思うことや想像であってもかまわないので、とにかく書き込んでしまいましょう。

例では代替エネルギーについてのゲシュタルトから抱いた疑問として、「これまで代替エネルギー開発が進まなかったのはなぜか?」としました。代替エネルギーの必要性についてはかなり以前から議論され、研究も進められていたはずなのに、なぜあまり実用化されていないのだろうという疑問を、新たな課題として設定したことになります。

⑨事実を列挙し、より細かく考える

次に⑧で見つけた新たな課題（問題）について、より細かく考えていきます。その手順としては、⑧までに見てきたものに関して思いつくことをとにかく列挙します。

例では、「火力」「水力」「原子力」のそれぞれについて思いつくことを列挙しました。「火力」については「化石燃料燃焼」「地球温暖化？（本当か？）」、「水力」については「ダム建設」「巨大公共工事」、「原子力」については「ウラン」「プルトニウム」「クリーンエネルギー？」としました。

ここではスペースの関係もあるので書いていませんが、もちろん「代替エネルギー」についても思いつくキーワードを列挙してかまいません。

こうして列挙したキーワードを見ながら、なんらかの共通項がないかと探します。この共通項探しが、次の⑩につながります。すべてのキーワードを共通項で括る必要はありませんが、多くのキーワードが括られればそれだけ⑩に説得力が増すことになります。

⑩―1　さらに抽象度を上げる

ここで⑨で列挙したキーワードから共通項を見つけ出すのですが、ここで重要になるのが、⑧でも出てきた「**抽象度を上げる**」ということです。

抽象度を上げるためには、一つ高い視点から全体を俯瞰して見通す力が要求されます。これは普段から訓練していないと、いきなりやろうとしても難しいかもしれません。複数のものごとをある共通項で括ってみる、あるいは一つ高い抽象度でものごとを見る習慣を日頃からつけておきましょう。

たとえば、「紙」と「えんぴつ」があったら「筆記用具」とか「文房具」と見るとか、「コップ」を見たら「器」とか「ガラス」と見るなどです。共通項探しは、一見共通項がなさそうなものでやってみるとよい訓練になります。

チャートに戻りましょう。例では、文字にはなっていませんが、火力発電の「地球温暖化」と原子力発電の「クリーンエネルギー」に着目して、「もしかして、原子力発電推進のために地球温暖化の危険性を大々的にあおって、火力発電から原子力発電に切り替えさせようとしたのではないか」という思考が隠れています。そして、「でも、なぜわざわざそんなことをするのか」と検証し、「利権⁉なのか⁉」という疑問にたどり着いています。

ここでもう一度⑨に戻ってみましょう。火力のところに「巨大公共工事」とあります。これも利権の代名詞とも言えるものです。「もしかして、利権の引っ張り合いなのか？」という疑問を裏付ける要素となっています。

⑧⑨⑩の作業によって、①から⑦までとは別のゲシュタルトができあがったことがわかります。また、**それぞれのゲシュタルトがさらに新たなゲシュタルトをつくりあげている**こともわかると思います。

⑩―2　別の視点を入れる

ここで、別の視点を取り入れてみます。現実問題として、代替エネルギーが実用化されるまでにはかなりの時間がかかると予想されます。そこで、「その穴を埋める対策はないか」という視点を入れてみます。

現状では火力に頼っているわけですが、旧式でない最新式の（安全性がはるかに高い）

原発を動かすことは可能かどうかについて考えてみます。

ところで、アメリカには原子力潜水艦や原子力空母というものがあります。震災時、アメリカは原子力空母からの送電を提案したようですが、なぜか日本側が断ってしまいました。おそらくは非核三原則とのからみかと予想しますが、とにかく、福島原発二基分もの発電量をもつ原子力空母から送電可能だったという事実は注目に値します。

ですから、ここでは「代替エネルギー開発がなされるまで時間がかかるが、それまで毎年、節電や計画停電を繰り返すのか」「なぜアメリカの原子力空母は福島第一原発一基分の送電力をもつ原子炉二基を搭載し、九五％濃縮の超高濃度の核燃料を積んでいるのに、数千人もの乗組員が平気で寝泊まりしていられるのか」としました（日本の原発のウラン濃縮度は三％程度）。

膨大な電力を賄えるほどの原子炉を持った空母に何千人もの人たちが寝泊まりしています。しかも空母ですから、いざとなれば即、敵の攻撃目標となります。なぜ、みんな平気で寝泊まりできるのでしょうか。それはまさに空母の原子炉の安全性の高さを多くの人が信頼しているからでしょう。

そういった新たな視点を入れて、別の角度からもテーマを考えてみます。

⑪調べる

新たな課題を見つけ、抽象度を上げて一つの仮説にたどり着きました。この仮説が正しいのかどうかを**検証するための調査**が必要になってきます。昔は図書館を回って、関連書籍や過去の新聞、雑誌記事などを読みあさるといったことを行っていましたが、いまではインターネットという強い味方があるので、調査は格段と楽になりました（ただし、インターネット上の情報の取捨選択には、注意を要します）。

例では、有馬哲夫著『原発・正力・CIA』（新潮社）という本から得た情報として、「有馬哲夫氏によると『日本は原発を売りたいアメリカにまんまとはめられた』」「CIAは読売に原発推進キャンペーンをはらせた」としました。さらに「原発で儲けた人を『原発貴族』という」という情報を付け加えました。

こうした裏付け情報によって、「原発は利権なのか？」という仮説が高い確率で正しいことが確信できました。つまり、この「⑪調べる」でやるべきこととは、「**⑩で得られた仮説が正しいことを裏付ける証拠を探す**」ことになります。もし見つからない、もしくは正しくない証拠が見つかった場合、⑩に戻って仮説を立て直すことになります。

例では、裏付けが取れたとみなし、さらに「この利権を排除すれば代替エネルギー開発推進が可能(ただし、新たな利権は排除)」と書きました。原発利権保持者が「地球温暖化」を餌に、「原子力はクリーンなエネルギーである」と喧伝し、それに乗った国も代替エネルギー開発に本腰を入れてきませんでした。だとすれば、この利権を排除することで代替エネルギー開発が一気に進む可能性が高まる、というわけです。

実際には、この仮説をさらに補完する情報を入手すると、より説得力が増すことになります。

また、⑪－2では⑩－2を受けて別の視点でのテーマについて調べていきます。

ここでは、「福島原発は四年以上前の型」「原子力空母は最新の二一世紀型→民間企業だからアメリカが最新型を渡さない?」「原発は日米安保の枠組みで敷設されている→民間企業が運営しているのはおかしい」「民間施設にもかかわらず、事故後は対テロをふまえて自衛隊が派遣されている(違憲? 違法?)」「民間施設にもかかわらず、事故後は政府資金が投入されている(違憲? 違法?)」といった情報を入れました。

調べたことを列挙していく形でかまわないでしょう。

⑫抽象度を上げて解決策を考える

⑪で調べたことについて抽象度を上げて見ていきます。⑪－1の方はすでにいろいろと検証してきていますから、⑮へと飛んでよいでしょう。⑪－2についてはもう少し抽象度を上げながら見ていきます。⑪－2をよく見ると、どれも原発を民間企業が管理、運営していることに起因しているとわかります。ですから、ここでは、「⑪－2で調べたところ、問題点はすべて原発を民間企業が運営しているところにある→原発を国有化すればいい」としました。

⑬長所・短所（利益・不利益）を挙げる

これも⑪－2、⑫を受けて、④と同様な流れで考えていきます。

ここでは、長所として「安全確保をコストに関係なく徹底的にできる」「自衛隊派遣、政府資金投入の違憲・違法状態を解消できる」「原発からの電力を格安で供給できる」、短所として「電力会社の収入が減る」「電力利権者の収入が減る（いずれも短所ではない？・）」としました。

実際、短所はないと言ってもいいかもしれません。

⑭長所・短所を検証し方向性を考える

ここは⑬を受けて、⑤と同様な流れで考えていきます。

⑬でわかった長所・短所（ここでは短所はほとんどないですが）を吟味し、具体的なプランとして提示し、次の⑮結論につなげていきます。

次の⑮では、この⑭と先ほどの⑪－1から得られる結論を融合させる形にします。

⑮結論する

いよいよ、全体の結論を導き出します。実際には、⑪－1と⑭の段階ですでに結論がほぼ出ていますので、「⑮結論」という欄に書き込むだけです。

例では、「日本は原発利権を排除し、代替エネルギー開発を急ぐとともに、原発を国有化し、格安の電力を企業に供給すべし」としました。

これで書くべき結論が定まったと同時に、①や②の段階では思いもしなかった結論にたどり着くことができました。抽象度をあげて考えることで、スタートラインではスコトーマに隠れて見えなかったものが見えてきたからです。

あとは、このチャートに書いたものを、結論と結び付くものとそうでないものとに分類して、**結論に結び付くものだけを選び取って文章**にしていくだけです。

なお、ここで示したのはあくまでも書くための全体像をつくり上げる例にすぎません。実際には、みなさんが自分の手を動かしながら紙の上でやってみてください。書くべきことが列挙され、それらの関係性が一目でわかるようになるはずです。

「チャート式トレーニング」を活用して、ぜひ、よりよい文章を書く力を身につけてください。

この章のまとめ

- 全体像ができあがってから書きはじめる必要がある。
- 書物や文章というのは、それ全体で一つのゲシュタルトとして完成されていなければならない。
- 「圧倒的な知識量」は、ゲシュタルトを作る材料として必要。
- 体験レベルでの知識こそが最も高い臨場感を醸成する。
- 書き手が伝えたい内容とは、体験的知識よりももっと抽象化されたもの。
- 臨場感の高い具体的な体験的知識群を抽象度の高い概念で括って、それを中心に書くこと。
- 読み手が興味、関心を示さないような内容であれば、たとえ読んでもらえたとしても認識には上がらない。
- スコトーマに隠れて認識されていなかったことが実は重要なのだと、読み手に気付かせてあげること。
- 「期待を裏切る」ような話を書くことで、一気に文章に引き込む。

- 情動を利用するとスコトーマが外れやすくなる。
- 人間の脳には心地よいものよりも、違和感のあるものの方が認識に上がりやすい。
- 最後には抽象度の高い結論で結び、読者の違和感を解消してあげる。
- 読者の先入観を取り除く努力をすること。
- キーワードで読まれないように努める。
- 自分が伝えたい形で単語の意味をきちんと定義すること。
- フレームを引き起こしそうな単語はあえて使わない。
- 書き手はそのコンセプトを十分に理解して書く。
- 同じパラグラフに属する塊の中に相矛盾する内容を書かない。
- 一つのセンテンスに使う動詞は一つにする。
- 「チャート式トレーニング」を使って、書くための内容を吟味し、全体像をつくり、整理する。

第三章

論理的な文章の書き方

◉論理的とは、どういうことか？

「論理的な文章を書く」というのがこの章のテーマです。

では、「論理的」とはどういうことなのでしょうか。

辞書を引いてみると、「論理」とは「考えや議論などを進めていく道筋。思考や論証の組み立て。思考の妥当性が保証される法則や形式」（大辞泉）とあります。

ちょっとわかりにくいので、この中に出てくる「論証」も調べてみましょう。

「論証」とは「ある与えられた判断が真であることを妥当な論拠をあげて推論すること。その論拠が公理・公準などか、または経験的事実かによって演繹《えんえき》的・帰納的の別があり、また帰謬《きびゅう》法によるか否かによって間接的・直接的の別がある。証明。立証。」（同）とあります。

ちなみに、帰謬法とは背理法ともいい、ある命題を真（または偽）だと仮定すると明らかな矛盾が生じることを証明することによって、その命題の仮定が誤り（真だと仮定したとしたら偽）だと論じる証明方法のことを言います。

まだわかりにくいでしょうか。この辞書の内容を思い切って要約すれば、論証とは「思考や証明の組み立て・道筋のこと」となるでしょうか。

ただ、これがわかっても、その「組み立て・道筋」とはどういうものかまでは見えてきません。その「組み立て・道筋」が「論法」と呼ばれる、論理を組み立てるときの法則です。

「知ってる。三段論法でしょう」と思った人はちょっと早合点です。たしかに三段論法も、論法の一つです。アリストテレス（BC三八四〜三二二）が考え出したと言われるもので、「AならばB、BならばCが正しければ、AならばCと言える」という論法です。

三段論法は机上の空論である

よく出てくる例として、「ソクラテスは人間である。人間は死ぬ。ゆえにソクラテスは死ぬ」という三段論法があります。一見、正しそうに見えるこの論法ですが、はたして本当に「絶対に」正しいと言えるでしょうか。

まず、Aに当たる部分として、「ソクラテスは人間である」という仮定があります。これは正しそうですが、「絶対に正しい」と言えるでしょうか。

「ソクラテスは人間である」というのは、いまとなっては証明不可能です。いや、当時であっても証明は困難です。人間のふりをした宇宙人の可能性もゼロではありませんし、実は突然変異などによって、通常私たちが考える「人間」よりもはるかに進化した生物の可能性もゼロではありません。ひょっとすると、架空の人物、あるいはソクラテス集団という複数の人物集団の総称の可能性もあります。

Bに当たる「人間は死ぬ」はどうでしょうか。たしかに人間はこれまでみな死んでいるようです。帰納法的には正しそうに見えます。しかし将来、不老不死の妙薬が開発される**可能性がゼロかと問われれば、ゼロとは言えないはずです**。そのとき、この妙薬を飲んで死ななくなった人は「人間」ではないということになるのでしょうか。

このように、A、Bという前提条件が一〇〇%正しいと言えない以上、「ソクラテスは死ぬ」も正しいとは言えなくなります。ソクラテスが「不老不死の宇宙人」なら死にませんし、「架空の人物」でも死にません。「三段論法」というのは、現代では「論理的ではない」論法なのです。

三段論法は不確定要素を表現できない

「でも、ソクラテスが宇宙人とか、不老不死の妙薬が開発されるとか、ほとんどありえないほど低い確率だから、考慮に入れなくてもよいのでは？」

そう思う人もいるかもしれません。しかし、**「ほとんどありえないほど低い確率」と「絶対にありえない」との間には、けっして相容れることのない決定的な溝がある**のです。「ほとんどありえないほど低い確率」であっても、それがある限り、「絶対にない」にはなりえないのです。

一円玉を一センチの高さA地点から落としたときの落下地点Bは、「ほぼ正確に」予測できます。落とし方を一定にして何度か繰り返せば、おそらく一ミリも誤差が出ないのではないでしょうか。しかし、高層ビルの屋上から同じ一円玉を同じ落とし方で落とすとき、ミリ単位で正確な落下地点を予測することは「まず不可能」です。

三段論法というのは、「AならばB、BならばC、CならばD……YならばZが正しければ、AならばZであると言える」というように、間がいくつつながっても成り立つ論法です。では、一センチ上のA地点からB地点の落下をほぼ正確に予測できるにもかかわらず、その**連続であるはずの高層ビルの屋上からの落下地点が予測不可能**なのはなぜなのでしょうか。

それは、一つ一つの条件に入り込む不確定要素（たとえば、風の向きや風の強さなど）は無視できるほどに小さくても、それがたくさん積み重なると無視できないほど大きなものになるからです。

「ソクラテスは死ぬ」という論法に限ってはほとんど無視できるほどの不確定要素でしたが、「AならばB、BならばC、CならばD……」と連続していくような**論法の一つ一つに微妙な不確定要素が入り込むと、最終結果に大きな影響を与えてしまう**ことになるのです。

しかも、現実の世の中では、こうした不確定要素が無数に入り組んでいます。「絶対にAならばBが正しい」などと仮定できる命題は、現実世界にはまずないと言っても過言ではありません。微小ではあっても、ある確率で必ず例外が紛れ込むものです。無視してよいほど微小な例外であっても、「無視してよいほど微小である」ことをなんらかの形で述べる必要があるというわけです。

だとすると、現実世界で三段論法は使い物にならないということになります。そう、**実際に三段論法は現実世界では役に立たない**のです。実際、現実世界における人間の自然な思考に合わせた論理学が、現代分析哲学では生み出されています。様相論理（モーダルロジック）などはその一つです。ただ、現代分析哲学の論理は論理式で記述されており、それを文章に使うわけにもいきません。

では、論理的な文章はどんな論法で書けばよいのでしょうか。それが、「トゥールミンロジック」です。

◉論理的な文章にはトゥールミンロジックを使う

「トゥールミンロジック」という言葉を初めて聞く人もいるかもしれません。

トゥールミンロジックとは、一九六〇年代にイギリスの分析哲学者スティーブン・トゥールミンによって提唱された論理構築法で、「三段論法に代表される形式論理の方法論は、実社会における論理構築の手段として適さない」との考え方から生まれた現代の論理技術です。

トゥールミンロジックの基本は**「データ」「ワラント」「クレーム」という三つの要素をしっかりと組み立てる**ことです。

「データ」とは、「主張する内容を裏付ける事実」を指します。客観的な証拠資料のことです。

「ワラント」とは、「提示したデータがなぜ主張する内容を裏付けることになるのかという根拠」のことです。

「クレーム」とは、「その場面で主張したい内容」のことです。文句を言うことではありません。

ごく簡潔に要約（訳）すると、**「データ」＝「事実」**、**「ワラント」＝根拠**、**「クレーム」＝「主張」**となるでしょう。

わかりやすいように例で見てみましょう。

たとえば、冬にこたつでうたた寝をしていたらお母さんに「そんなところで寝ていたら、風邪をひくよ」と言われたとしましょう。このお母さんの発言にある「データ（事実）」は「（あなたが）そんなところ（こたつ）で寝ている」で、「クレーム（主張）」は「（あなたは）風邪をひく」です。ここでは、「データ」と「クレーム」をつなぐ「ワラント（根拠）」が語られていません。

お母さんの頭の中にはちゃんとあるのかもしれませんが、語られていないことは基本的には伝わりません。では、ここで言うべき「ワラント」とはどういうものでしょうか。いろいろ考えられますが、たとえば「寝汗をかいてしまい、体が冷えるから」というものがありえます。

つまり、お母さんは「そんなところで寝ていると（データ）、寝汗をかいて、体が冷えるから（ワラント）、風邪をひくよ（クレーム）」と言えば、論理的だということになります。

この「データ」「ワラント」「クレーム」は、論理的な書き方をする際、非常に大事になってきます。とくに日本人は「ワラント」を省略しがちです。このお母さんの例のように「データ」と「クレーム」しか書かない（言わない）のです。「そんなことわかるだろう」「いうだけ野暮」という文化があるからでしょう。

日常会話ならある程度の省略も許されるでしょう。しかし、文章の場合は誰が読むかわからないわけですから、**どんな人でもわかるように、できるだけ省略せずに書く**というのが基本です。文脈から誰がどう読んでもわかるという場合を除いては、可能な限り「ワラント」もしっかりと書くようにしましょう。

◉BQR論理でロジックを補完する

現代における「論理」とはトゥールミンロジックのことであり、その基本は「データ」「ワラント」「クレーム」であることを見ました。そして、日本人の文章には「データ」と「クレーム」はあっても、「ワラント」が抜け落ちているケースが多いという話をしました（ときには「風邪をひくよ」などと「クレーム」しかないケースもあります）。

「データ」「ワラント」「クレーム」はトゥールミンロジックの基本中の基本です。これらは必須ですが、これだけで完璧というわけではありません。

「データ」「ワラント」「クレーム」に加えて、「バッキング（B論理）」「クォリファイアー（Q論理）」「リザベーション（R論理）」という三つの要素があります。

「バッキング」とは、「ワラントが正しいことを支持する証拠、証言、統計、価値判断、信憑性などの情報」を指します。

「クォリファイアー」とは、「クレームの相対的強度の定性的な表現（英語では、possibly・probably・usually・certainly・absolutelyなどの用語）。また、可能であれば九〇％などの定量的な表現です。

「リザベーション」とは、「クレームに対する例外を主張する論理」です。

これら三つは、三段論法の不適切さを補うトゥールミンロジックの真骨頂とも言える部分です。

トゥールミンロジックを完成させたスティーブン・トゥールミンは、トゥールミンロジックを実際の議論の論理構築法として生み出したので、その主張の相対的強度として、usuallyなどのQ論理をつけることを提唱しました。三段論法では考慮に入らない「**どのくらい確からしいか**」という確率を述べるということです。

また、トゥールミンロジックでは、クレームは常に正しいとは限らない（Universally Trueではない）とされています。そこで、トゥールミンロジックはこうした制約をR論

●BQR理論でロジックを補完する

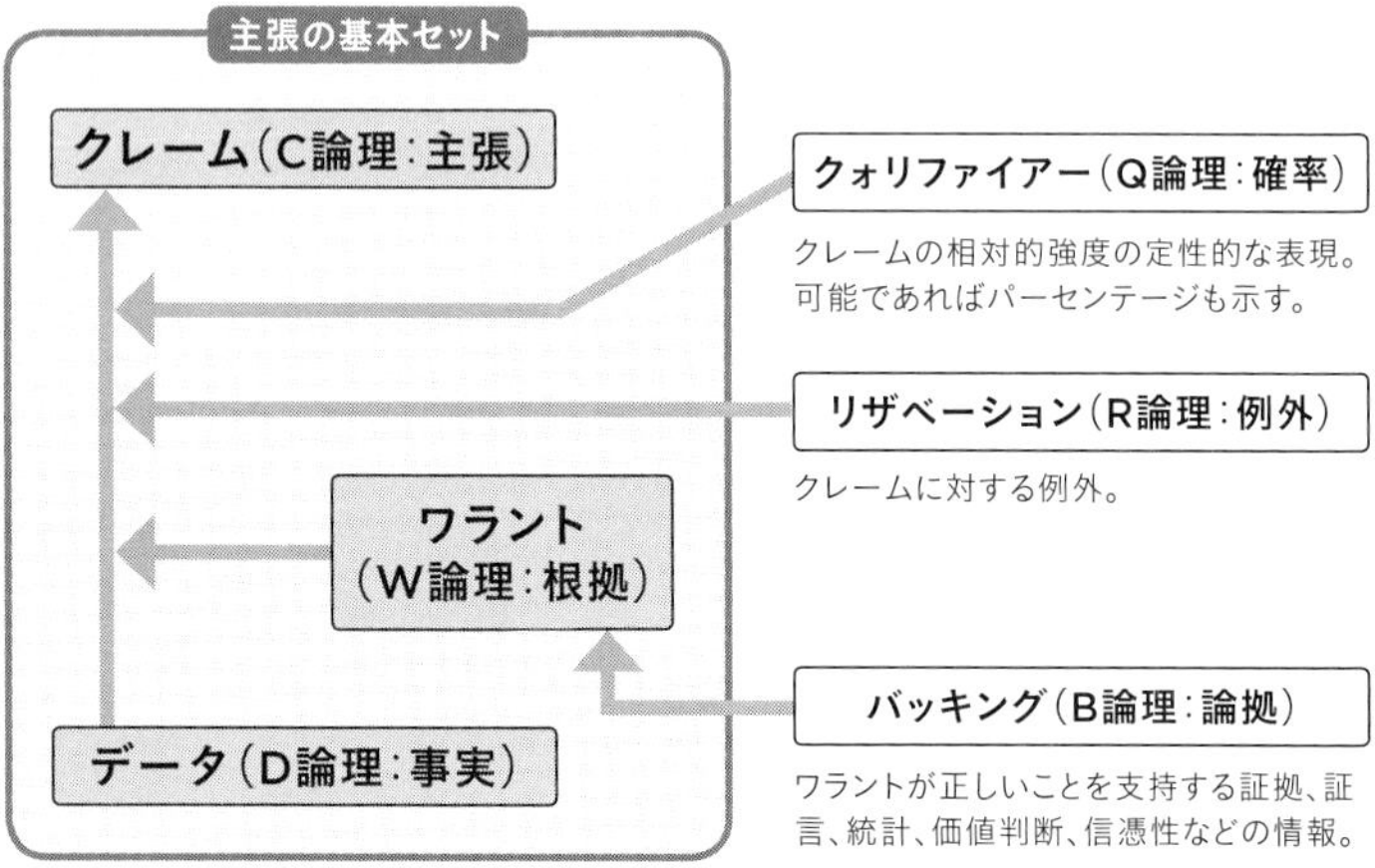

理として導入しました。クレームが適用されない例外が必ずあるはずなので、それを示すのがR論理です。議論において**クレームの例外を考慮することで、よりいっそう実のある議論になる**わけです。

具体的に見てみましょう。先ほどの例を使います。

「バッキング」とは「ワラントが正しいことを支持する証拠、証言、統計、価値判断、信憑性などの情報」のことでした。

先ほどの例の「ワラント」は「寝汗をかいてしまい、体が冷えるから」でした。**これを支持する証拠や証言、統計などが「バッキング（B論理）」です**。

つまり、「寝汗をかいて体が冷えると

風邪をひく」ことを裏付ける証拠、証言、統計などですから、たとえば「体を冷やすことと体調を崩すこととの相関関係を示す統計データ」や、「『汗をかいたままにしておくと風邪をひくよ』というおばあちゃんの言葉」、また「実際にこたつで寝てしまった人による『風邪をひいた』という証言」「体を冷やしたために風邪をひいてしまったお母さん自身の経験」などがこれに当たるでしょう。

もちろん、これに反論しようとする人がいた場合、「おばあちゃんの言葉」にどれほどの信憑性があるのかという部分に攻撃を加えてくるかもしれません。主張する側は、**客観的データのようなできるだけ反論しづらい「バッキング」を用意する方がよい**のですが、通常の会話やブログの文章などの中でそれを用意するのは現実には難しいので、論理的思考を身につけるための第一段階としては「常に意識する」というくらいでよいでしょう。

しっかりとした主張をする論文のような文章の場合は、できるだけ反論されにくい情報をもってきて書くようにしましょう。

次の「クォリファイアー」は、たとえば「こたつで寝てしまうと『たいてい』風邪をひくよ」と言うときの「たいてい」です。ここは「間違いなく」とか「おそらく」とか「(風邪をひく)かもしれない」など、主張する人が変えることができます。

もし、「こたつで寝た人一〇〇〇人を対象に調査を行った結果、七〇〇人が風邪をひいた」というような**実証データがあったとしたら、「七割の確率で」と定量的に言える**ことになります(そのような調査はないと思うので、あくまでも例として読んでください)。

次の「リザベーション」はこれまでの主張に対する例外を述べるものですから、たとえば「体全体をこたつに入れておかない限り」とか、「毛布をかけなければ」など、これをやっておけば風邪をひかないだろうという**例外について述べます**。

実際の議論の場では、それぞれについての(データやワラントも含めて)反論を予測して、再反論を用意しておく必要がありますが、文章の場合は必ずしも再反論まで用意しておかなくてもよいでしょう。

ただし、もし反論が十分に予測でき、さらにその再反論も用意できるのであれば、それらもすべて書けばよいということになります。本書でも、読者の反論をあらかじめ予想して、その再反論を書いている部分がいくつもあることに気づくと思います。

相手を説得するための文章などでは、「データ」「ワラント」「クレーム」「バッキング」「クォリファイアー」「リザベーション」をしっかりと書いてあげると、説得力が増します。

もちろん、あいまいな「ワラント」や「バッキング」では説得力が低いので、しっかりとした裏付けを書く必要があります。

『体を冷やすと風邪をひく』と、私のおばあちゃんがよく言っていました」と書いても、一般の読者の納得度は低いでしょう。この場合はさらに、「このおばあちゃんが医学的知識をどれほど正確にもっていたか」や、「健康に関する信頼できる体験的データをいかにたくさんもっていたか」などをさらに主張し、論理を補完する必要があります。

◉常にトゥールミンロジックを心掛け文章を書くこと

トゥールミンロジックの基本は理解できたと思います。エッセイのような文章ならともかく、なんらかの主張をしようと思うのであれば、常にトゥールミンロジックを意識して書く必要があります。

こう言うと、なにか特別な準備とか大々的な調査が必要になるのかと思うかもしれませんが、必ずしもそうではありません。もちろん、研究論文などの場合はその研究の成果をまとめるわけですから、しっかりとした準備が必要なのは当然です。一般的な文章で自分自身の主張を述べようとするときでも、なんらかの客観的な裏付けを用意しておくべきです。

必要なことは、「**論理を常に意識すること**」です。「準備や調査ができないからなにも主張できない」というのでは、本末転倒にもなりかねません。

そうではなく、常に「自分の主張には根拠（ワラント、バッキング）があるか」を意識しながら書くのです。

常に意識することで、ビジネスにおける会議資料のような、その文章をもとに議論が行われる場合などに論点が非常に明確になり、よりよい結論を導き出しやすくなるのです。

トゥールミンロジックを意識するだけで、あなたの文章はすぐに説得力を帯びるものになるはずです。世の中には気分次第で書かれたような文章があふれていますから、あなたの文章は飛び抜けて優れたものになります。

◉論理トレーニングで文章を鍛える

次に、トゥールミンロジックを実際に自分のものにするためのトレーニングをしていきます。なお、このトレーニングは拙著『人を動かす［超］話し方トレーニング』で紹介したトレーニングの一部を抜粋し、例を改訂したものです。論理トレーニングは話し方でも書き方でも共通ですので、前著を読まれた方にとっては重複と感じられるかもしれませんが、あえて掲載しています。すでに読まれた方は、復習のつもりで取り組んでみてください。

論理的な書き方のためのトレーニング

表のそれぞれの項目に該当する事柄を書き込んでみましょう。

まず、「クレーム」にはあなたが主張したいことを書き込みます。前章のチャートで言えば「結論（ゴール）」にあたるものになります。

次の「データ」には、「クレーム」にかかわる事実を書き込みます。前章のチャートで言えば、①やそれに付随する事実、場合によっては⑨などになります。

「ワラント」は「クレーム」と「データ」を結びつける論理です。なぜ、「データ」であげた事実が「クレーム」につながるのかを示すものを書き込みます。前章のチャートで言えば、⑪で調べたこと、あるいは⑤か⑥で考察した内容などになります。

「バッキング」は「ワラント」の正当性を示す証拠を書き込みます。前章のチャートで言えば、⑪の情報源などです。

「リザベーション」には、「クレーム」を成り立たせるうえでの例外(成り立たせないもの)を書き込みます(前章のチャートにはありませんが、例外を探して書き込みます)。

「クォリファイアー」には「クレーム」の強度を書き込みます。前章のチャートにはありませんが、たとえば確率などを書き込みます。また、「いつまでに」とか「○%の比率に」といったこともこの項目に該当します。

では、一二六頁のワークシートに、実際に書き込んでみてください。

また、ワークシートの次には、前章のチャートをもとに書き込んだ例を示しますので、参考にしてください。

この章のまとめ

● 論法の一つ一つに微妙な不確定要素が入り込むと、最終結果に大きな影響を与えてしまう。

● 三段論法は現実世界では役に立たない。

● 論理的な文章のために、「データ」「ワラント」「クレーム」という三つの要素をしっかりと組み立てる。

● どんな人でもわかるように、できるだけ省略せずに書く。

● クレームの例外を考慮することで、よりいっそう論理的になる。

● 客観的データのようなできるだけ反論しづらい「バッキング」を用意する。

● 論理を常に意識する。

クレーム
「　　　」

データ
「　　　」

ワラント
「　　　」

バッキング
「　　　」

リザベーション
「　　　」

クォリファイアー
「　　　」

クレーム

日本は、電力不足解消のために、代替エネルギーを導入すべし。

データ

二〇一一年の原発事故で電力供給力が低下し、計画停電が行われるなど、深刻な電力不足に見舞われた。

ワラント

火力発電は地球温暖化防止の世論に勝てない。水力発電では工事に時間がかかるうえ、電力需要をまかないきれない。原子力発電は事故によりその信頼が失墜した。残るは代替エネルギーしかない。また、原子力を支えていたのはアメリカの圧力と原子力利権だった。

バッキング

（地球温暖化防止の世論の抜粋など）（水力発電所建設にかかる時間と発電量の資料など）原子力利権が原発を支えてきた過程を記した書物がある（有馬哲夫『原発・正力・ＣＩＡ』など）。

リザベーション

国民に節電習慣が身について、電力需要が低下するかもしれない。また、代替エネルギーも利権化してしまうと、利用者にとって不利益が生じる可能性がある。

クォリファイアー

代替エネルギー比率を〇〇％以上にすることで電力不足は解消できる。

第四章

小論文・エントリーシート・自己PRの書き方

◉用語を分解して定義せよ〜小論文の書き方〜

この章では、おもに学生向けの入試小論文、就職活動時のエントリーシートや自己ＰＲといった文章の書き方について見ていきたいと思います。とくに小論文の方法や自己ＰＲの方法はさまざまな場面で応用が利きますので、ぜひ参考にしてください。

まずは、小論文について見ていくことにしましょう。

入試小論文というのは、たいては試験場でその場で課題が与えられるケースが多いと思います。最近はやりのＡＯ入試などの場合は、あらかじめ課題が提示され、それについて書いた文章を提出するというパターンが多いようです。この場合は自分で事前に調べることができますから、他の章で述べている「一般的な書き方」に準じればよいでしょう。ここで述べるのは、突然、課題が与えられて、しかもそれに関する知識が乏しい場合の緊急避難的方法論です。

与えられた課題について知識が豊富にあり、すでに一家言あるという場合は、ＡＯ入試と同じように一般的な書き方に準じて書くことができます。ですが、どうにも怪しい知識しか持ち合わせていないのだが、なんとかある程度の得点を取りたいというときには、これから述べる裏ワザが役に立つと思います。

たとえば「現代中国の資本主義政策について述べなさい」という課題が出たとしましょう。

まず、最もやってはいけないことは「課題と関係のない話でとにかく原稿用紙を埋める」というものです。課題と関係のないことを書いても点数は絶対にもらえません。たとえば、中国について自分の知っていることをとにかく書いてもダメなのです。少なくとも「中国の資本主義」について書かれていなければ点数になるはずがありません。しかし、中国の資本主義について詳しくは知らないわけです。さあ、どうしましょう。

このような場合の基本は「**用語を細かく分けて、それぞれを定義しながら書き足していく**」のです。

たとえばこういうことです。課題を「現代」「中国」「資本主義」「政策」と分け、それぞれを定義していきます。

まず、「『現代中国』の『現代』とはいつを指すのか」について書くわけです。いろいろな定義があろうかと思いますが、「現在」ではなく「現代」となっているので、「古代」「中世」「近代」などと対比される概念であると考えられます。

どこからが現代かは歴史認識によって見解が分かれるところですが、一般的には「第二次世界大戦後」でよいと考えられるでしょう。

次に「中国」を定義します。一般的には「殷」とか「周」という時代まで歴史を遡って考えることになるわけですが、ここでは「現代中国」という課題であることがわかっているので、「清」「中華民国」「中華人民共和国」くらいを考えておけばよいでしょう。

そして「資本主義」を定義します。実際、いろいろな定義の仕方があるのですが、ここでは「中国」の話をせよという課題ですから、「共産主義」との対比で考えるのがよいだろう、というくらいはわかるのではないでしょうか（中国が共産主義国であることは知っていなければなりません）。

それから「政策」を定義します。政策とは、「国家が行う政治的な施策のこと」だということはわかると思います。

こうして用語をバラバラにして定義したら、次に隣接した用語どうしをつなげて定義していきます。この例では「現代中国」と「資本主義政策」というようにつなげればよいでしょう。

では、「現代中国」とはなにか。先ほど「現代」を「第二次世界大戦後」と定義しましたから、「国共内戦後の中国」とか「中華人民共和国成立後の中国」くらいを考えればよいとわかると思います。

次は「資本主義政策」です。これは国家が資本主義についてどのような施策を行ったかということだろうとわかります。もちろん、中華人民共和国は共産党一党中心の国家で、共産主義を敷いているわけです。でも、現代の中国の状況を見れば、資本主義的な側面が大きく見えるでしょう。共産主義を掲げながらも、一部、市場経済を導入していることがわかります。

ちなみに、もし「中国」や「資本主義」も知らないとしたら、これはさすがにアウトです。いくらなんでも課題の用語の核となる部分がまったくわからないのであれば、残念ながら受験資格そのものがないと言わざるを得ません。ここではそのレベルは除外して考えています。

さて、いよいよ「現代中国の資本主義政策」について定義します。ここからは**自分の持っている知識をフル稼働**しましょう。

「GDPが日本を抜いて世界第二位になったっていうニュースを見た」とか「なにかの映像で見た上海の高層ビルはすごかった」というくらいのことは思い浮かぶのではないでしょうか。

あるいは「そういえば、深圳という都市があったな。あそこは資本主義の実験都市だった」とか「この前、知り合いの中国人が『中国で土地を買ったのに、七〇年後には国に返さないといけない』と言っていた」、また「中国系企業が日本の山野を、水源確保のために買っているっていうニュースを見たことがある」などという知識があったら、鬼に金棒です。

あとは、「共産主義をとっていたが、市場開放政策で一部に資本主義経済を導入して成功し、いまやGDP世界第二位にまでなった」「だが、過度な資本主義化、過度な経済発展によって国家がコントロールできなくなることは共産党支配そのものを揺るがすので、完全な資本主義化はできない」「そのために、元の切り上げなど、一見、中国の経済発展のためには有効と思われる政策を積極的に取ろうとしない」といった結論につなげていければ十分でしょう。さらに、「急激な経済発展によって、共産主義でありながら経済的格差が生じている」といった問題点まで指摘できれば完璧です。

ここでのポイントは「用語を細かく分けてそれぞれを定義する」ことでした。これらをしっかりと、しかも定義していると悟られないように注意しながら書いていきます。定義をすべて書く必要はありませんが、余白とか下書き、あるいは少なくとも頭の中にははっきりと記しておきましょう。そうすることで、もともとの課題の核となる用語の定義がやりやすくなります。

どうしても課題の核となる用語が定義できないときは仕方がないので、細かく分けたまま、用語の定義をしていく（あくまでも定義していると思われないような書き方で＝起承転結のような構成の中で定義をしていく）しかありません。それでも、課題から外れたことを書いているわけではありませんし、それぞれを定義していけば文字数も稼げますから、

●「現代中国の資本主義政策」をテーマにした小論文展開の参考例

展開❸

そのために、元の切り上げなど、一見中国の経済発展のためには有効と思われる政策を積極的に取ろうとしない。

※「急激な経済発展によって、共産主義でありながら経済格差が生じている」といった問題点まで指摘できればなおよい。

↑

展開❷

しかし、過度な資本主義化、過度な経済発展によって国家がコントロールできなくなることは共産党支配そのものを揺るがすので、完全な資本主義化はできない。

↑

展開❶

共産主義をとっていたが、市場開放政策で一部に資本主義経済を導入して成功。いまやGDP世界第二位にまでなった。

ある程度の点数をもらうことができるのです。

私は国立大学で助教授をしていたことがあり、入試問題の作成にもかかわったことがあるのですが、その経験からもこの方法が（あくまでも緊急避難的にですが）有効だと断言できます。試験の場合、書かれている内容、ファクトの部分と同時に、**全体構成がきちんと論理的に展開されているかどうかも見られます**。どちらかといえば、そちらを重点的に見られていると言ってもよいでしょう。

定義のようなことが書かれていても、それらが最終的な結論にいたる条件のような働きをしていて、かつ結論にいたる展開が論理的であれば、その定義がまるっきり間違っているのでない限り、かなりの得点が期待できるのです。

◉結論をしっかりと先に決めておく

課題の核となる用語がよくわからないときは、用語を細かく分けて定義すればよいという話をしましたが、細かく定義して書く場合でも、最終的な結論はしっかりと先に決めておかなければいけません。これはすでに見てきた、一般的な文章の書き方と同じです。

基本的にどんな文章でも結論のはっきり書かれていないものは読む価値がありません。うっすらとぼかして「わかるよね」と言わんばかりの文章も多いのですが、それでは言いたいことが伝わらないのです。ぼかしてあるのならまだわかる人がいる可能性もありますが、誰が読んでも結論がまったくない文章も多いのです。

エッセイならそれでもかまいません。エッセイも文芸作品であって、小説に近い文章です。内容以上に文体が重要視されます。

しかし、一般的な文章に結論がなかったら、読み手は「時間の無駄だった」と感じるでしょうし、小論文に結論がなかったら点数も極端に低くなります。

「でも、結論ってなにを書くの?」と思う人もいるでしょう。結論と言うと固いイメージがありますが、文章の落とし所、「起承転結」の「結」の部分とでも言えば納得してもらえるでしょうか。

中国経済に対するなんらかの意見でもよいでしょうし、今後の展望でもよいでしょう。

また、課題に対する解決策でもよいでしょうし、日本がどう対応すべきかでもよいでしょう。とにかく、「結論」になっていることが重要です。**とくに小論文の場合は、内容＝ファクト以上に、結論がしっかりと書かれているということが重要です。**

その「結論」を先にはっきりさせておいて、そこに向かって、先ほどのような言葉の定義を論理展開のように見せつつ書いていくことになります。「起承転結」でもよいですし、「序論・本論・結論」でもよいのですが、きちんと流れになっている必要があります。

実際はそれほど難しい話ではありません。「結論」を先にはっきりさせておけば、なにを書いてもそこへ向かう書き方に自然となっていくはずです。その「結論」に向かって書いていくことこそが小論文であるとも言えます。

◉個人的な体験を入れよ

もう一つ、小論文の得点アップのワザをお教えしましょう。それは「自分の個人的な体験を入れる」というものです。

先ほどの「現代中国の資本主義政策」であれば、中国に関する個人的な体験談を入れておくと得点になりやすいのです。

たとえば中国に行ったことがあればその体験を書いてもよいですし、中国人の友人、知人がいればその人とのことを書いてもよいです。それらがなければテレビで観たことでもかまいません。個人的にリアリティの高い情報を書きましょう。

もちろん、与えられた文字数との兼ね合いもありますし、あまりにたくさん入れ過ぎてしまうと問題の趣旨から外れて個人の体験談ばかり書いているという印象を与えてしまいます。ですので、さらっと入れるのがポイントです。

また、**入れる場所にも注意が必要**です。冒頭に入れてしまうと、試験官に「課題に答えずに自分の体験を書いてしまっている」という印象を与えてしまい、その先によい内容が書かれてあっても、ネガティブなフィルターを通して読まれてしまう恐れがあります。

ですから、冒頭ではなく、まず言葉の定義などにより論理展開をしてきちんと課題に答えていることを見せてから、さらりと入れるのがよいでしょう。

あまりうしろに入れても効果が薄まります。うしろの方は「結論」につなぐ部分ですから、そこで具体的な体験を入れてしまうと、具体的な体験だけから結論が出ているように読まれてしまう恐れがあります。

個人的体験を書くと、文章そのもの、あるいは論理展開そのものに臨場感が増します（第二章参照）。単に頭の中でだけ考えているのではなく、体験的な知識として染みついているという印象を与えることができるのです。文章に臨場感が増すことで、読む試験官への印象もよくなるわけです。

もう一つ、書いている内容についての知識がしっかりとあるのだという裏付けにもなります。

単に文字としての知識があるだけではなく、また、抽象的な理解だけでなく、きちんと具体的な事例にまで落とし込めるほど知識が身についているのだと試験官にアピールすることができるのです。これも大きな得点ポイントになります。

◉就職活動で困らない文章の書き方〜エントリーシートなど〜

次に、就職活動でよく使われるエントリーシートなどの書き方について考えていきたいと思います。昨今は大学新卒の就職率が悪化し、いわゆる就職難民が著しく増加しているようです。

これに対する多くの論調は、「不況」「政治の無策」「企業の努力不足」など、環境による不可避的要因と捉えられることが多いようです。もちろん、これらが要因の一つを構成していることは間違いありませんが、私はもう一つ、就職活動をする側の準備不足もあると思っています。

就職活動をする側にとっては、環境要因を嘆いたところで状況はなにも変わりません。変えられる唯一の方法は、自分自身の準備だけなのです。

さて、「就職活動をする側の準備不足」と書きましたが、もう一つ、「**準備はしているが準備の方向性が間違っている**」ということも往々にしてあるようです。準備不足はみなさんが各自でしっかりと補ってもらうしかありませんが、「準備の方向性が間違っている」場合はどれほどしっかりやっても効果が出ません。ですから、ここでは準備の正しい方向性を見つけるためのヒントを紹介していきたいと思います。

エントリーシートに限らず、就職活動の基本は「『自分が理想とする自分』と『会社（業界）が理想とする人材』の**両方をしっかりと分析して、その『両方を包摂する人格』を明確化し、それになりきる**こと」です。

『自分が理想とする自分』というのは、「こうなりたい」「こうありたい」と思う理想的な自分のことです。当然ですが、社会性をもった意味あいでの理想的な自分、もう少し具体的に言えば、就職した際の会社員としての理想の自分です。

いくら理想だと言っても「世界一のアニメオタクになる」というのでは、就職活動としてはあまり意味がありません。付け加えますが、「世界一のアニメオタク」になってはいけないという意味ではありません。就職活動には使えないという意味です。アニメ業界に就職するにしても、会社はアニメオタクがほしいわけではありません。

あくまでも、会社に入ったときの会社員としての理想の自分を想定します。通常は、こんな部門でこんなふうにバリバリと働いているといったものになろうかと思います。

次に、『会社（業界）が理想とする人材』を考えます。これは『会社四季報』（東洋経済新報社）を読んだり、ヤフーファイナンスのようなサイトを見たり、その会社のアニュアルレポートを見たりして情報を集め、その**会社やその業界がほしい人材とはどういう人かを想定します**。

単純に言ってしまうと、商社なら海外のどこへでもすぐに飛んで行って商談をまとめてくる人材というのが想定できるでしょうし、銀行マンならお金持ちから預金を集めてくる人材、広告代理店なら大企業からたくさん広告を取って来る人材など、いろいろと想定できると思います。

この二つがしっかりと想定できたら、両方を包摂して矛盾が出ないような人を想定し、その人格になりきります。たとえば、会社が求める人材が「どんな仕事にも不屈の精神で取り組む会社員」で、自分の理想が「やりたい仕事だけをやりまくって、高い給料をもらう会社員」だったとして、「自分がやりたい仕事と会社が求める仕事が常に合致していて、それに不屈の精神でバリバリ仕事をしまくって（自分のやりたいことなので自然とそうなるでしょう）、その結果、業績が上がり、給料も上がる会社員」という人物像ができ上がったとします。そして、その人格になりきるのです。

「演じる」のではありません。演じてしまうとウソになり、ウソは必ずどこかでボロが出ます。でも、**その人格になりきってしまえば、ウソにはなりません**。

就職試験というのはまずは通らないと意味がありませんから、とにかく通るためにどうするかだけを考えましょう。内定が出たあとにこちらから断るのは自由です。

多くの人が勘違いするのが、「素の自分をわかってもらおう」とか「自分を見つめ直して、自分の長所を発見し、それを知ってもらおう」という考え方をすることです。これこそが「準備の間違った方向性」なのです。

企業の人材担当者にとって、「素のあなた」など関係ありません。あなたが「会社が求める理想の人物像と合致しているかどうか」だけを見ているのです。だとすれば、「自分は会社が求める理想の人物像と合致していることを見せる」しか、就職試験に通る方法はありません。

「入社したあとで『面接時と違うではないか』と言われないか」などと悩む必要はありません。入社後に、あなたが面接でなにを言ったか、エントリーシートになにを書いたかなど、企業はまったく気にしません。入社後に企業が気にするのは、「期待した業績をあなたが仕事のうえであげることができるか」だけです。それどころか、面接官はあなたの発言やエントリーシートの文章など、すっかり忘れているはずです。

大事なポイントは、「就職活動においては、あなた自身の長所はあなたを見つめても出てこない」ということです。**あなたの長所は企業研究、業界研究をしたあとで考えるの**です。そして、その長所を持った人格に完全になりきるのです。繰り返しますが、ウソではいけません。必ずどこかでボロが出ます。しかし、なりきってしまえばウソにはなりません。

「でも、そういう人材になりきったり、自分がその長所をもっていると言いきるには根拠が必要なのではないでしょうか」

そんなふうに思うかもしれませんが、心配はいりません。**なりきってしまえば、根拠は自然に見えてきます**。

たとえば、広告代理店志望で、広告を取りまくる営業マンという人格になりきっていたとしたら、「私は接待が得意という長所があるので、広告主からの信頼を得られます。大学のゼミの飲み会などでも、教授の笑いを絶えさせることがありませんでした」などと、面接のときにも自然に言えてしまうのです。「接待相手の好むことを短時間の会話で聞き出して、その話題で盛りあげるのが得意という長所がある」とアピールできます。

もちろん、もともとそういう要素が自分にあることが前提ではあります。逆に口下手だったとしたら、「私は聞き役に徹するのが得意なので、相手が話し好きな場合、たいへん好かれることが多いです」とか、「普段、口数が少ない分、私の一言一言にみなさん傾聴してくださいます。相手の話を聞いたあとで、鋭い指摘をしてあげるととても喜ばれます」などと言えば、これらは立派な根拠になります。

ここで最も重要なことは、業界研究、会社研究を怠らないこと、その研究の結果として相手の求める人材の方向性を見間違わないことです。

先ほど述べたように『会社四季報』は必読ですし、インターネット上にもさまざまな情報があふれています。

もし、それでも情報が少ないと感じるようなら、入社を希望する会社に資料請求しましょう。「来年御社に就職を希望する者ですが、御社のことをもっとよく知りたいので、御社に関する資料をいただけないでしょうか」といった手紙を添えて、返信用の封筒でも添えて送ればなおよいでしょう。

「自分だけ抜け駆けしたように思われないだろうか」とか「先方の会社も忙しいだろうから、迷惑ではないだろうか」などという気遣いは無用です。むしろ「熱心な学生だ」「わが社に対する思い入れがそこまで深いのか」と思われるはずです。そう思ってもらえず、こちらの意欲を無視したり、ばかにしたりするような会社であれば、しょせんその程度の会社ですから行かない方が賢明です。「ああ、就職試験を受ける前にダメ会社だとわかってよかった」と思って、別の会社に当たりましょう。

以上で説明したような「分析」を通した「なりきり」が身につけば、次に説明するエントリーシート作成から面接までを通して整合性の取れた形で、あなたは「会社の採りたい人材」になることができます。

◉エントリーシート用出題の具体例への対応

ここでは、最近の就職活動でエントリーシート提出時に課された文章課題を具体的に見てみましょう。

なお、どの課題にも共通して言える出題者の意図があります。その意図とはおもに三つあります。

一つは、**心理テスト**の側面。その人の答えから深層心理を読み取りたいという意図です。どういう人格の持ち主で、どういう思考傾向があるのかを読み取ります。

二つ目は、**知識の量をはかる**というものです。ある特定分野、とくにその会社の業務に不可欠な分野に関する知識があるかどうかを読み取ります。

三つ目は、文章力、文章構成力をはかるというものです。これはＩＱの高低に比例すると捉えられますから、ＩＱの高さをはかられているとも言えます。

質問がいかにばかげたものに見えたとしても、この三つの要素は必ずはかられているのだと思って解答するようにしましょう。

では、さっそく実例を見ていきます。

例① 鳩山由紀夫、石川遼、東野圭吾にそれぞれ薦める本はなんですか？（講談社）

この設問は、時間の余裕のある状態（調べて書いてもよい状態）なのか、面接場や試験場でいきなり出されてその場で答えなければいけないのかで、少し違ってきます。

調べる時間があるならとくに問題ないでしょう。彼らに足りないものは何だろう、あるいは彼らが興味を示すものは何だろう、あるいは逆に彼らが興味を示さないけれど知っておいた方がよいことは何だろうと考えて、その分野の本を紹介すればよいと思います。その分野の本が講談社から出ていれば、その本を紹介しましょう。他社の本を紹介してしまうと、面接時に「うちから同じ分野のこういう本が出ているけれど、どうしてこちらを紹介するの？」などと突っ込まれてしまいます。

さて問題は、いきなりこの質問に答えなければならないケースです。ここでは普段からきちんと本を読んでいるかどうかが試されてしまいます。思いつかないときは、自分が読んだことのある本、知っている本を思い出し、何とかそれを薦める理由を考えます。選ぶ本はもちろん講談社の本が理想ですが、他の志望者たちも講談社の本を挙げるでしょうから、あえて他社の本を挙げる手もあります。

ただし、集英社とか小学館とか、講談社のライバルと目される会社の本を挙げてしまうのはあまり得策ではありません。いちばんよいのは海外の本です。「海外のこういう本がお薦めです。ただし、まだ翻訳はされていないと思います」とでも書いたら、「お、英語の原書を読んでいるのか」と思われて、高い評価を得られます。

これは、たとえばトヨタを訪問するときに日産の車で行ったり、またその逆で行ったりするのはその会社に失礼に当たるけれど、メルセデスで行くのならどちらの会社でもＯＫというのと似ています。同業他社であっても、格が違う、あるいは直接的な競合関係が薄い場合はＯＫなのです。

この理屈で言えば、時代を超えた本というのもよいです。古典を薦めるわけです。日本の古典、たとえば「平家物語」などでもよいですし、もちろん海外の古典でもかまいません。

いずれにしても、その理由を理路整然と書けなければいけませんが、理由さえはっきりと書くことができれば高得点が得られます。

例② もし三千万円あったら、あなたはどのように使いますか？（博報堂）

まずは、お金の使い方を通じて人格を読み取る意図があります。次に、お金の使い道を通じて知識を問うています。博報堂は広告代理店ですから、三千万円というのはなにかの広告料に近い金額なのかもしれません。

さて、ここでも大事なことは**「嘘はつかない」**ということです。博報堂、あるいは広告代理店への就職を希望する人間として理想的な人格を想定し、それになりきります。たとえば、「私は広告代理店の海外子会社の営業マンとしてバリバリ働いていて、年収一億円稼いでいるので、三千万円というのはとても少ない金額に感じます。だから、自分の小遣い七千万円をプラスして合計一億円にして、児童福祉施設に寄付したいと思います」というような答えはあり得ます。

あるいは、ここでは博報堂と付き合う広告主としての理想的人格を設定してもよいでしょう。その場合、「わが社の製品のすばらしさを多くの人に知ってもらうために、博報堂が扱っている○○新聞の全五段広告を六回ほど打ちます」などという答えになるかもしれません。

また、会社人としてではありませんが、「地球上から飢餓をなくしたい」と本気で思っている人格になりきっていれば、「二千五百万円をユニセフに寄付して、残りの五百万円を使って、博報堂経由で飢餓救済のチャリティ募金募集の広告を出します」という答えもあり得ます。

ちなみに最悪なのは、我欲を前面に出して、「あれを買いたい。これを買いたい」と書くことです。もちろん、こう書いておいて、最後に社会に貢献するためだったというようなオチをつけられるのであれば話は別です。

例③　何度も調整しながら進めていた提案資料を、提出前日に突然、上司から「こんなんじゃダメだ」と突き返されてしまいました。あなたならどうしますか？（資生堂）

これはいろいろな答えがありそうですが、この場合は「我慢して資料を作り直す」という方向が無難だと思います。上司を糾弾するなどと、あまり過激なことを書いてしまうと、組織社会の秩序を乱す危険思想の持ち主だと判断される恐れがあります。心理テスト的視点からは、「上司の多少の無理難題でも動じずに、忠実に仕事をするビジネスパーソン」

という印象を与えておきたいところです。

間違っても、「その上司の一つ上の上司に相談する」「人事部に駆け込む」「組合に言う」「株主総会で暴露する」といった解答は慎むべきでしょう（現実的にはこれらが正解であることが多々ありますが、就職活動的にはNGです）。

正解は、「大事なことは提案資料を仕上げることなので、具体的にどこがどうダメなのかを細かく確認し、それぞれの点についてお互いに話し合い、納得し合った上で速やかに修正して仕上げる」ということになります。

ただ、この心理テスト的な部分にだけ、つまりどういう答えをするかというところにばかりに気を取られずに、知識や文章構成力（ＩＱ）も問われていることを忘れてはいけません。とくに、**答えたことに対する根拠はしっかりと書きましょう**。この例で言えば「大事なことは提案資料を仕上げることなので」という部分です。単に「速やかに修正して仕上げる」という答えを書くだけでは高得点は望めません。知識と論理をしっかりとアピールするように心がけましょう。

この章のまとめ

●用語を細かく分けて、それぞれを定義しながら書き足していく(小論文)。
●自分の持っている知識をフル稼働させる(小論文)。
●全体構成がきちんと論理的に展開されているかどうかが見られている(小論文)。
●内容＝ファクト以上に、結論がしっかりと書かれているということが重要(小論文)。
●文章に臨場感が増すことで、読む試験官への印象もよくなる(小論文)。
●自己ＰＲには、「自分が理想とする自分」と「会社(業界)が理想とする人材」の両方をしっかりと分析し、その「両方を包摂する人格」を明確にしたうえでそれになりきる。
●その人格になりきってしまえばウソにはならない。
●エントリーシートは、心理テストの要素、知識の量やＩＱの高さを測る役割もある。
●答えたことに対する根拠をしっかりと書く。

第五章

小説の書き方

◉小説家を目指していては、小説家にはなれない

これまで何度も述べてきたように、本書は「小説のような文芸的な文章」を書くための本ではなく、「文芸作品以外のごく一般的な文章」を書く力をつけるための本です。ですので、「小説の書き方」という章は本来必要ないのですが、「一般的な文章も書くけれど、小説も書いてみたい」という読者のために、ヒントという意味で触れておくことにします。

「小説なんて自分には関係ない」と思う読者は、この章を読み飛ばしてしまってもかまいません。ただ、もしかすると、ここで紹介するヒントは小説を読む際のヒントになり、小説の読み方がこれまでと変わることになるかもしれません。

また、一般的な文章の書き方との明確な違いを知ることで、一般的な文章を書く力が強化されるという効果も期待できます。

そうだとすれば意義のあることだと思いますので、ぜひ参考にしてほしいと思います。

ただ、のっけから身も蓋もないことを言ってしまいますが、「小説家を目指すための本」を読んでいる人は、小説家にはなれません。**小説家になれる人というのは、小説が書きたくて仕方がなくて、あるいは書きたことがあふれ出てきていて、すでに小説（らしきもの**

であっても）を書いているはずだからです。

目指すより先に小説を書いてしまう人が小説家になれるのです。

「どうやったら小説が書けるのか」などと思っていわゆるハウトゥ本を読んでも、小説が書けるようにはなりません。方法論があるとすれば、「古今東西の名作と言われる小説を読みあさり、それと並行して、体から湧き出てくる文章を書きつづること」しかないのです。

「それでは本当に身も蓋もない」と思ったかもしれません。でも、このあと述べていくことは、次のような人に向けたヒントです。

小説が大好きでとにかくたくさん読んでいる。すると、自分でも書きたいことが湧き出てきていくつも小説を書いてみた。でも、小説家としてデビューしているわけではない。

そういう人向けのヒントです。

私は小説家ではありませんから、これから述べるヒントには異論もあるかもしれません。ですが私自身、読書好きなことは間違いありませんし、小説もたくさん読んでいます。

ちなみに、小学生のころですが、井伏鱒二の小説が好きで読みあさっていたのを覚えています。『黒い雨』という作品があるのですが、私はこれを読んで、どうしても終わり方が中途半端だと感じ、勝手に続編を書いて小学校の先生に提出したことがあります。「『黒い雨』の続編を書きました」と言って原稿用紙の束を渡したときの先生の驚いた顔はいまでも忘れられません（ちなみにこの『続・黒い雨』は小説ではなく戯曲で、小学校の学芸会でクラスの出し物として演じられました）。

これから述べる話は、そんな経験と、小説ではありませんが本をたくさん書いているという経験、さらにこれまでの人間の脳や言語に関する研究とを重ね合わせて導き出しているものです。

◉芸術性にこだわらず、娯楽に徹する

小説を書いているがデビューできていない人というのは、要するに「書いた小説が商業ベースに乗らない人」ということです。

「いや、私の小説は芸術であって、商業ベースうんぬんは関係ありません」

もしこういう人がいたとしたら、それこそ小説家にはなれません。小説家とは、誰が何と言おうと、「小説を書いてお金をもらっている人」のことを指すからです。「芸術であって、お金ではない」のであれば、自費出版とか、自分のブログに小説をアップすることで目的は達成されます。でも、世間ではそういう人を小説家とは呼びません。

ここで芸術論を展開するのはテーマがちょっと違う気がしますが、少しだけ触れておきたいと思います。

まず、芸術論の前に、「小説は娯楽である」ということから確認しておきたいと思います。「いや、娯楽なんてそんな低俗なものではない」と言う人がいたとしたら、それは娯楽をばかにし過ぎていると思います。

小説は立派な娯楽です。そうでないものもたくさんありますが、基本的には立派な娯楽です。とくに日本人は勤勉を美徳と捉え、娯楽や余暇はサボりとか怠慢といった概念と結びつけがちです。

しかし、娯楽のない人生がはたして楽しいでしょうか。私はそうは思いません。そして、すばらしい娯楽はたくさんの人を幸福にし、人々の人生を有意義なものにしてくれるものです。

それでは、芸術とは何なのでしょうか。

さまざまな定義があるので一概には言えないかもしれませんが、少なくとも芸術であるための必須の条件というものがあります。

一つは「身体の表現である」ということです。ある作品があったら、それ自体が芸術だと思うかもしれませんが、本来は**その作品を作りあげた人間の身体表現を味わうのが芸術です**。

もう一つは、「オリジナリティがあること」です。ですから、厳密にいえば、クラシック音楽の演奏家というのは芸術家ではありません。バッハやモーツァルト、ベートーヴェンといった作曲家が書いた曲を、「譜面どおりに正確に再現する人」が、クラシック音楽の優れた演奏家です。

もちろんそこにさまざまな「解釈」としての芸術的要因が入ることは否定しません。ただ、クラシックの「芸術家」は作曲家であり、演奏家では本来ありません。

小説、物語というのは、先ほども述べたように、その類型はギリシャ神話でほぼ出尽くしているわけですから、どんな話を書いても似たようなストーリーがどこかにあります。ということは、オリジナリティはないわけですから、厳密には芸術とは言えない、ということにもなります。

それに対して、娯楽にオリジナリティとか身体表現といった要素は必要ありません。**すばらしいパロディもすばらしい模倣も、娯楽としては立派に成立**するのです。

ですから、「芸術性を高めよう」と思わず、「娯楽性を高めよう」と思う方が、小説家としては成功する確率が高くなります。

◉娯楽性を高めるための、書き方のヒント

では、娯楽性を高めるにはどうすればよいのでしょうか。
これには二つの方向性が考えられます。
一つは「多くの人に支持されるためにはどうするか＝売れる小説を書くにはどうするか」というものです。これは、**「大衆が望むものの最大公約数はなにか」**という部分がカギになります。

具体的には、たとえば、テレビのワイドショーを見たりすると、大衆がいまどんなことを望んでいるか、大まかなことが見えてくる可能性があります（もちろん、ある種のメディアの意図が含まれていることを十分に理解しておかなければなりませんが）。

もっと効果が期待できる方法に、売れている小説をたくさん読み、どんな単語が使われているかを調べるというものがあります。また、それらがなぜ売れているのか、自分なりに分析します。その分析結果を自分の小説に反映させます。

ストーリーはほとんどがギリシャ神話の変形ですから、ギリシャ神話そのものを読むのがよいのですが、もう一つ、ハリウッド映画をたくさん見て分析するという方法もあります。なぜなら、ハリウッド映画自体がほとんどギリシャ神話のストーリーの変形だからです。

ハリウッド映画は、「いかに大衆に受けるか」を徹底的に考え、それを戦略的に具体化しています。シナリオにはパターンがあり、しかもそれほど多くのパターンがあるわけではありません。たくさん見ているうちに「これとこれは同じパターンだな」とわかるようになるでしょう。

たとえば、「主人公がヒロインを助けるために冒険に出るが、その冒険の途中には困難が待ち受け、さらに冒険を邪魔する妨害者が現れる。主人公はたびたび危機に見舞われるが、協力者の登場などで力を得、知恵を使って困難を乗り切る。最後は妨害者と一対一の戦いになり、苦戦しながらも劇的な勝利を収め、ヒロインを救出する」というようなパターンがあります。

おそらく、「このパターンに当てはまる映画を思い浮かべてみてください」と言ったら、かなりの数のタイトルが挙がることでしょう。映画に限らず、ロールプレイングゲーム(アドベンチャーゲーム)と呼ばれるものの多くも、このパターンの変形だと言えます。

もちろん、これだけでは読者も「またこのパターンか」と気づいてしまいますし、すぐに飽きられてしまうでしょう。ですので、文体が大切になります。前にも書いたとおり、**小説を読むというのはストーリーを楽しむことよりもむしろ、文体、文章表現そのものを味わう方に重きが置かれます**。

「そんなことはない。ストーリーのおもしろさこそが大事だ」と言う人もいるかもしれません。「ストーリーなんてどうでもよい」と言うつもりはありませんが、何度も言うように、ほとんどがギリシャ神話のパターンの踏襲なわけですし、そもそもストーリーさえおもしろければよいのであれば、「あらすじ」だけでも十分だということになります。

情景描写とか人物の心理描写といったものは、基本的にストーリーとは関係ありません。でも、読んでいて楽しい小説はほぼ例外なく、情景描写や心理描写が上手に書かれています。文章そのものに味わいがあり、読者はその味わいを楽しむことができるのです。
では、小説の文章＝文体がうまくなるにはどうすればよいのでしょうか。

小説の文章が描写する対象は、「情景描写」「心理描写」という言葉があるように、「情景」もしくは「心理」です。つまり、「自然」や「世界」、そして「気持ち」や「情動」です。

これらを文章にするわけですが、まずは文章にする前に「しっかりと見る」ことが大事です。自然や情動をしっかり見ることなしに文章にすることはできません。「情動を見る」というのは比喩的な表現ですが、要するに**自分の心の中をしっかり見つめて、他人の心の中をおもんぱかる**のです。

また、「しっかりと見る」ためには、たくさんの自然に触れ、情動豊かな日常を送る必要があります。自然と触れ合わずに見ることはできませんし、いつも同じ自然ばかり見ていたり、同じ情動ばかり湧き起ったのでは、表現に幅が生まれません。

「しっかりと見る」とき、たとえば山を見て「あ、山だ」ではいけません。とにかく、細かいところまでしっかり見ると同時に、その周囲にまで目を配りましょう。そして、その山を見て情動が揺さぶられたら、どの部分に揺さぶられたのか、なぜ揺さぶられたのか、どんなふうに揺さぶられたのかなど、**自分の感情についてもできるだけ細かく分析して、言葉にしてみましょう**。

さらに「しっかり見る」ことと並行して、過去の古今東西の名作と呼ばれる（売れている、歴史に残っている、多くの人に支持されている）小説をたくさん読むことを忘れてはいけません。読んでいて「いい表現だなあ」と思う箇所に出合ったら、丸暗記するくらい何度も読みましょう。

こうすることで、その文章に臨場感が増し、読者にもその臨場感が伝わりやすくなり、読者との臨場感の共有を実現することができます。

この章のまとめ

- 小説家になれる人には、すでに書きたいことがあふれ出てきている。
- 小説は立派な娯楽。
- その作品を作りあげた人間の身体表現を味わうのが芸術。
- すばらしいパロディもすばらしい模倣も、娯楽としては重要。
- 大衆が望むものの最大公約数はなにかを、つねに考える。
- 小説では、文体、文章表現そのものを味わうことに重きが置かれる。
- 自分の感情についてもできるだけ細かく分析して、言葉にする。

第六章

新聞の文章は参考になるか？

◉まず冒頭で立場を明確にせよ

この章では、いろいろなところで文章のお手本と言われている新聞記事および社説・論説の文章について、具体的に見ていきたいと思います。

まずは、文章のお手本中のお手本とされている社説・論説から見ていきましょう。

先に言っておきますが、これらは複数の記事の中からアトランダムに抽出した文章で、うまい下手を意識して選んだわけではありません。

日本のジャーナリズムを牽引していると自負しているに違いない（国民の多くもおそらくそう思っている）大手新聞社からのものです。

なお、解説文ははからずとも文章に批判的なものになってしまいました。本来は引用元の新聞名を明記すべきところですが、特定の新聞社を批判することが本書の目的ではないので、新聞社の名誉を考慮し、社名を伏せてあります。

例①　社説　国際協力銀行　インフラ輸出の先頭に立て

国際協力銀行（ＪＢＩＣ）が、日本政策金融公庫の国際部門という位置づけから、一つの政府系金融機関として独立することになった。

政府は、次期通常国会で関連法案を成立させ、JBICの機能強化を図ったうえで、原子力発電所や高速鉄道などインフラ（社会基盤）輸出を政策金融で後押しさせる考えだ。

世界のインフラ整備は、二〇三〇年までに四〇兆ドルに達する巨大な都市である。新生JBICは、国家的なプロジェクトを担うとの自覚を持ち、外需獲得に貢献してもらいたい。

小泉政権の政府系金融改革で、JBICは国民生活金融公庫など三公庫と統合され、二〇〇八年一〇月から日本政策金融公庫の国際部門になった。

だが、その前身は大規模な海外融資を扱ってきた日本輸出入銀行である。中小零細企業などを対象としていた三公庫とは、仕事の内容が大きく違う。

元々、この統合自体に無理があったのは明らかだ。独立させた方が、経営判断が自由になり、機動的に融資を実施できる。産業界にも、公庫からの分離を求める声が根強い。JBICの独立は当然と言えよう。

政府が同時に、JBICの業務範囲を拡大し、機能を強化する方針を示したことも評価できる。

政府系金融改革で先進国向け融資が原則禁止になるなど、業務範囲は狭められた。米国の高速鉄道や原発などを日本企業が受注しても、車両や発電設備を輸出する際に、現状ではＪＢＩＣは融資できない。外国企業の買収などＭ＆Ａのための資金を出すことも認められていない。

金融支援が行き届かないようでは、激しさを増す国際的な受注合戦に勝てない。原発や水道事業などのシステムを丸ごと売り込む「パッケージ型」のインフラ輸出では、融資判断に際して、取引先だけでなく各国のビジネス慣行や政情など、幅広い情報が求められる。

ＪＢＩＣは、金融や海外情勢に通じたプロの人材を充実させ、審査能力を高める必要がある。

ただし、陣容の強化に乗じて民間金融機関の仕事を奪ったり、いたずらに組織を肥大化させたりするような振る舞いは、厳に慎まねばならない。

新生ＪＢＩＣの経営陣は、能力本位で人選することが肝要だ。輸銀時代のように、官僚の天下りの指定席にしてはなるまい。

みなさんはこの記事を読んで、社説の筆者がなにを言いたいのか、読み取ることができたでしょうか。おそらく、「明快に読み取れた」と断言できる人はほとんどいないと思います。なぜでしょうか。

問題点はいくつもありますが、最大の問題点は**結論がどこに書かれているのかが非常にわかりにくい**からです。

立場を明確にするという話の前に、そもそもなにを論点としているのかがわかりにくいのです。ここで話題となっている国際協力銀行（ＪＢＩＣ）というものがいったいどういう銀行で、どういう役割を担っていて、一つの金融機関として独立することにはどういう意味があるのかを理解できる読者は、ごく限られているはずです。

しかも、文章の展開が不適切です。なにかを主張する文章というのは、論理の順番で書くか、時系列で書くかのどちらかがセオリーです。しかしこの文章はどちらでもありません。

結論もどこに書かれているのかわかりづらいと思います。通常は冒頭もしくは末尾に書かれることが多く、またそれが最もわかりやすいわけですが、この文章を読めばおわかりのとおり、冒頭にも末尾にも結論らしきものは見あたりません。

まさか冒頭の「国際協力銀行(JBIC)が、日本政策金融公庫の国際部門という位置づけから、一つの政府系金融機関として独立することになった。」が結論のはずがありません(これは事実を書いただけです)。では、末尾の「新生JBICの経営陣は、能力本位で人選することが肝要だ。輸銀時代のように、官僚の天下りの指定席にしてはならない。」かと言えば、とくに文章で天下り批判を展開してきたわけではありませんから、これも結論ではないでしょう。

では、その少し前の「陣容の強化に乗じて民間金融機関の仕事を奪ったり、いたずらに組織を肥大化させたりするような振る舞いは、厳に慎まねばならない。」でしょうか。しかし、この一文の前には「ただし」とついています。この文はただし書きなわけです。ただし書きが結論なわけがありません。「立ち入り禁止。ただし関係者を除く」とあれば、主題は「立ち入り禁止」の方です。

ならば、さらにその直前の「JBICは、金融や海外情勢に通じたプロの人材を充実させ、審査能力を高める必要がある。」でしょうか。しかし、「プロの人材を充実させ、審査能力を高める必要がある。」というのは、JBICに限ったことではありません。ごくごく一般論であり、当たり前の話ですから、そんなことをわざわざ社説に載せる意味がありません。

つまり、この文章にはただし書きのような形で主張がたくさん入り込んでしまっているのです。だから、読者に「なにがいいたいのか」がまったく伝わらない文章になってしまっています。

一つの文章に主張は一つしか入れてはいけません。これは新聞の社説に限らず、ビジネスの文書でも、メールでも、ブログでも同じです。

この文章での重要な論点は「金融支援が行き届かないようでは、激しさを増す国際的な受注合戦に勝てない。」という部分だけです。

この社説の筆者が最も言いたいことを推測してみますと、おそらく「国際協力銀行（JBIC）は、以前の日本輸出銀行のように、海外の巨大プロジェクトを受注するための資金供給元としての働きをすべきだが、現代では先進国向け融資が原則禁止になるなど業務範囲が狭められている。これでは激しさを増す国際的な受注合戦に勝てない。早急に先進国向け融資も解禁し、中途半端な条件を取り除いて、インフラ輸出を政策金融で後押しさせるべきだ」ということではないでしょうか。

●この社説が最も言いたいことを推測する

早急に先進国向け融資を解禁し、中途半端な条件を取り除いて、インフラ輸出を政策金融で後押しさせるべき。

↑

これでは激しさを増す国際的な受注合戦に勝てない。

↑

しかし、現状では先進国向け融資が原則禁止になるなど業務範囲が狭められている。

↑

国際協力銀行（JBIC）は以前の日本輸出入銀行のように、海外の巨大プロジェクトを受注するための資金供給元としての働きをすべき。

もしこれが論説委員の言いたい主張であれば、私も同意できます。ＴＰＰ（環太平洋戦略的経済連携協定）参加後、外国でのインフラ受注をする企業などへの資金提供を安定的にできる機関がないと、熾烈な受注合戦に勝てないだろうということです。

ならば、それをはっきり書くべきです。冒頭なり、末尾なりに明確に主張します。そして、**時系列でも、論理展開順でもいいのですが、文章がこの結論に向かって一直線に突き進む書き方をすべき**です。

それなのに、「ＪＢＩＣは、金融や海外情勢に通じたプロの人材を充実させ、審査能力を高める必要がある。」（＝「ゆうちょ銀行を含む政府系金融機関にはこの能力が必要だ」）とか、「陣容の強化に乗じて民間金融機関の仕事を奪ったり、いたずらに組織を肥大化させたりするような振る舞いは、厳に慎まねばならない。」とか（実際には民間と競争するための民営化なので、特権を利用して民業を圧迫するのではない限りは民間金融機関の仕事を奪うことは必ずしも悪いこととは言えませんが）、「官僚の天下りの指定席にしてはなるまい。」というように、それぞれしっかりとした**論理展開が必要な主張（それだけで一**

つの文章が書けるような主張）がたくさん入ってしまっているため、とてもわかりづらい文章になってしまいました。

たとえば、「政府系金融機関が民間の仕事を奪ったり、官僚の天下り先になることは問題だ」という主張がしたいのであれば、「小泉政権で三公庫と統合されたにもかかわらず、その一部門が独立した一銀行になることになった」と始まり、「これによって、民間金融機関の仕事が奪われたり、天下り先になるリスクが上がってきた」と受け、論理展開をスタートさせることができます。

このあと、民業圧迫と官僚天下りの弊害についての話が続くのだろうと、読者も予想できます。さらに、その回避策を提案したり、政府系金融機関のあるべき姿（激化する国際受注競争で勝ち抜くために企業に安定的な資金を提供するＪＢＩＣの理想像など）を示すといった展開が考えられると思います。

ただし、実際にはこの筆者が言いたいことは、ここではありませんでした。

さらに細かいことを言えば、国際協力銀行（ＪＢＩＣ）とは何なのかについてしっかりと書いてあげる必要があります。その前身である日本輸出入銀行が日本の高度経済成長にどれほど大きな役割を果たしたかを書くべきなのです。

「高度経済成長期、国内融資の日本興行銀行（興銀）、海外向け融資の日本輸出入銀行（輸銀）という位置づけで、日本の経済成長を牽引してきたという歴史がある。国際受注合戦が激化するいまこそ、当時の輸銀のような機関が必要だ。ＪＢＩＣを当時の輸銀のような形に戻そう」というように書けば、ＪＢＩＣの役割がわかりやすくなるでしょう。

社説の文章にある「だが、その前身は大規模な海外融資を扱ってきた日本輸出入銀行である。中小零細企業などを対象としていた三公庫とは、仕事の内容が大きく違う。」では、ほとんどの人が何のことかわかりません。

この文章は、せっかくいいことを言おうとしていても、文章の中に主張がいくつも紛れ込んでしまったために、読者に意図がまったく伝わらないという典型的な例です。

◉ジャーナリズムとしての文章とはなにか

次に、一般の新聞記事を見てみましょう。一般の記事の場合、社説・論説と違って、基本的には事実の報道が優先されると考えられがちですが、ジャーナリズムである以上、なんらかの主義主張、提言がなされていなければ意味がありません。

報道には、新聞社や雑誌社、テレビ局、ラジオ局といった媒体の他に通信社というものがあります。通信社の場合は、基本的には事実の中立報道が優先されます。ですが、新聞社その他が通信社と同じでは困ります。もし同じなら通信社だけあればよく、新聞社その他は必要ないということになります。

新聞社その他の報道機関としての存在意義は、通信社とは違った独自の視点を提供し、読者のスコトーマを外し、それまで見えていなかった新たな考え方に気付かせるという点にあります。通信社の発表をそのまま横流ししていたのでは、報道機関としての意味がありません。

これは、私たちが一般的な文章を書く際にも忘れてはならない視点です。**読者のスコトーマを外して、新たな考え方に気付かせる。そのためにこそあらゆる文章は書かれる**のだと言っても過言ではありません。

もう一つ、これは新聞、雑誌、テレビ、ラジオ等のジャーナリズムに要求されることですが、ジャーナリズムと名がつく限り、必ず権力、とくに国家権力に対抗する視点がなければなりません。国家や自治体の太鼓持ち、提灯記事では読者に新たな視点は生まれませんから、存在意義はありません。それは政府や自治体の広報がやればいい話です。

では、その点に注意しながら、次からの新聞記事を読んでみてください。ちなみにこれらの記事も、先ほどの社説と同じ日の新聞からの引用であり、記事の選択はインターネットからも読めるという条件以外、ランダムです。

例②　記事　カラスへの迷惑な餌やり、罰金　大阪・箕面市で条例成立

大阪府箕面市議会は二〇日、カラスに継続的に餌をやって周辺に被害を被らせた住民に罰金を科す条例案を可決した。市の是正命令に反したり調査を拒んだりすれば一〇万円以下の罰金となる。来年七月一日から施行される。

「カラスによる被害の防止および生活環境を守る条例」で、鳴き声や糞尿《ふんにょう》などのカラス被害が出ている場所で繰り返し餌をやることを禁止し、餌の回収を義務づける。住民から被害の相談があれば市職員が現地調査し、違反があれば勧告、命令を順次出す。それでも従わなければ氏名を公表して警察に告発する。カラスが来るのをわかっていながら犬や猫など他の動物に与えた餌を放置する行為も禁止する。

市によると、動物への餌やりに過料や罰金を科す条例は全国でも数例で、カラスが対象となっている条例は東京都荒川区のみという。

さて、この記事を読んで、新聞記者のジャーナリズムを感じたでしょうか。私にはジャーナリズムは感じられませんでした。通信社が発表するような内容とほとんど変わりがありません。

「このくらいの記事でなにかを論じろという方が無理なのではないか」と思う人もいるかもしれませんが、そんなことはありません。

この記事は単に事実を述べただけですが、なにか主張があるとすれば、「箕面市は画期的な条例を成立させた」ということでしょうか。しかし、それでは単に箕面市を褒めているだけです。反体制というジャーナリストとしての視点は皆無と言ってよいでしょう。

もちろん、一般の記事ですから、社説のように論理立てて書くというのは不可能ですし、その必要もありません。しかしジャーナリズムである以上、記者として読者のスコトーマを外すような**新たな視点を提供する必要がある**のです。

たとえば、「自治体が発する条例というのは違憲なのではないか」という視点があり得ます。基本的人権としては、「動物に餌をやる権利」も「頭の上にカラスの糞を落とされて文句を言う権利」も等しく「権利」です（権利の重さの話ではありません。単独ではどちらも侵されるべきではない「権利」だという意味です）。

この基本的人権に介入できるのは、国会で法律を作り、裁判所がその法律に基づいて判決を下すという立法と司法があってのことです。そこではじめて行政が介入できるのです。行政独自の判断で基本的人権に介入するというのは、明らかに三権分立を犯す行為、つまり違憲行為です。

ですから、そもそも地方自治体の条例というのは、「法律の範囲内で」という条件付きで認められているにすぎません。百歩譲って、「カラスへの餌やりを禁止する条例」が法律の範囲内だと言えるとしても、そこに過料や罰金を科すというのはどうでしょうか。行政権をもつ自治体が、罰則を加えるという司法権にまで介入していることを意味しはしないでしょうか。

「条例は市議会が作った。だから、自治体という行政府が立法権は犯しているわけではない」という言い訳はできるかもしれませんが、罰則を加えるというのは明らかに行政が司法権を振りかざしていることになるでしょう。「行政罰を認めている地方自治法は違憲である」という見方も十分に成り立つわけです。

また、この記事を執筆した記者は、この書き方からすると箕面市にまったく取材をしていないようです。電話取材くらいはできそうなものですが、その痕跡は皆無です。

箕面市のカラス被害がどのくらい深刻なのかがまったく伝わってきません。あまりにも深刻であれば、「カラスは移動する生き物なので、箕面市一市での対策では不十分。今後、周辺他市との連携が望まれる」というような一文を加えることもできますが、そうした記述すらありません。

この文章は、通信社の報道記事であれば毒にも薬にもならない普通の文章ということになりますが、残念ながら新聞記事としてはジャーナリズムのかけらもない文章だと言わざるを得ません。

◉読者と密着に臨場感を共有できるか

次に見るのは、文化面と思われる欄の記事です。

例③　記事　逃げず迎合せず育った個性　ピアニスト・長富彩

超絶技巧の曲も、一音一音を慈しむように弾く。「カッコよく弾き飛ばしたりできなくて」。初アルバム「イスラメイ」では、ロシアのミリイ・バラキレフやスペインのマヌエル・デ・ファリャら、十九世紀以降の作曲家の多彩な表現世界に遊んだ。

鋳型にはめられるのが苦手だ。小学校の時、ダイアナ妃事故死の翌日にコンクールがあった。バッハを弾いたが、祈るような気持ちがテンポを揺らし、落選。「間違ったバッハだと言われた。でも好きなように弾き、嫌いだったバッハが『腑《ふ》に落ちた』ので私は大満足でした」

東京の音楽高校に入学したが、試験で結果を出すために練習している自分に耐えきれず、ストレスで手が固まるようになってしまった。「このままでは音楽が嫌いになってしまう」。偶然来日していた名手に感化され、指導を仰ぐべくハンガリー音楽院に留学。ベートーベンなどの古典に初めて本格的に向き合った。

二年後、自分の演奏をユーチューブで見た見知らぬ人に先生を紹介され、米国へ。身の上相談をしたホテルの副オーナーの家にホームステイさせてもらい、座り方からタッチまで、すべての基本を作り直した。

「舞台に慣れちゃいけない、怖いくらいがちょうどいい。緊張感を保つのは表現者として大事なこと」

己の繊細さから逃げず、世間に合わせて自らを矯正せず。ストイックな魂が培ったおおらかな個性。愛くるしい彼女の飛躍に驚かされる日は遠くないだろう。

いかがでしょうか。この新聞記事も多くの問題をはらんでいます。

まず、文章の基本である4W1H（When・Where・Who・What・How）がありません（Whyを加えて5W1Hという場合もありますが、事実を述べるような文章の場合、

Whyは必須ではありません)。

勉強不足であれば申し訳ありませんが、ここで紹介されている長富彩さんというピアニストを私は存じあげません。超有名人であれば別ですが、ある業界には名の通った方であっても、一般の全国紙に掲載される場合にはその方を知らない読者が大半だと想定して、まずはこの方の人となりを紹介するのが基本ではないでしょうか。

冒頭に「超絶技巧の曲も」と書かれていますが、何という曲かが書かれていないため臨場感が伝わりません。リストの『超絶技巧（練習曲）』というそのもののタイトルがついた曲がありますが、書き方を見る限り、この曲ではなさそうです。

また、本人の名前は出していながら、「東京の音楽学校に入学」と学校名を伏せたり、「偶然来日していた名手」と人名を伏せたりしています。これでは臨場感は伝わりません。

文章とは書き手と読み手の臨場感の共有の場であり、共有できるかどうかで内容の伝わりかたも大きく変わってくるのですが、この文章はあえて臨場感が伝わらないような書き方をしているのかと思えるほど、なにも伝わってきません。

この文章を書いた記者はこの長富さんというピアニストを取材しているので（もしていなかったら、それこそ論外です）臨場感はあるのかもしれませんが、それをなにも知らない読者にいかにして伝えるかという視点が見あたりません。

「慈しむように弾く」という表現も稚拙です。どのような音なのかがまったく伝わってきません。筆者の取材対象への思い入れは何となくわかりますが、新聞という媒体である以上、**客観的な視点（読者の視点）で文章を書くことを極力心掛けなければなりません**。**この文章には客観的な視点が感じられません**。記者の思いだけがから回りして、読者に長富さんの姿が見えませんし、ピアノの音も聞こえてきません。

新聞社の文化部というところは、新入社員の研修の場としてよく使われるようです。これは想像ですが、この記者は入社したての新人で、取材も記事の執筆も初めてか、二、三回程度しか経験がないのかもしれません。

ただし、お金を払って読んでいる読者にとっては、新人記者でもベテラン記者でも関係ありません。下手な原稿なら、上司が責任をもって直す必要があります。速報性が問われない文化面ならなおさらです。

なぜ、今回、長富さんというピアニストを取りあげたのか。長富さんはどれほどすばらしいピアニストなのか。どんな経歴を経て、どんなことを目指しているのか。実際、どんな音を聞かせてくれるのか。読者が長富さんの音楽を聞くことで、どれほど豊かな気持ちになれるのか。ご本人のことを紹介する記事なのであれば、そういったことをしっかりと書く必要があるはずです。

◉通信社の名文も新聞社では駄文になる例

次は、一般の人に影響が出たという鉄道についての記事です。

例④　記事　ネコが送電線に接触、名鉄二万三〇〇〇人に影響

愛知県清須市の名鉄名古屋本線西枇杷島―二ツ杁《ふたついり》間にある変電所が十九日夜、停電し、同本線の一部区間で約一時間半にわたって運転を見合わせたトラブルがあり、名鉄は二〇日、変電所内からネコ一匹の死骸が見つかったと発表した。

名鉄は変電所内に入り込んだネコが送電線に接触し、ショートを起こしたとみている。

停電は十九日午後六時五五分頃に発生。この変電所から供給を受けている名古屋本線の鳴海―一宮、犬山線の名古屋―岩倉、常滑線の神宮前―大江の各区間で運行できなくなった。上下八七本が運休、一〇二本が最大九三分遅れ、二万三〇〇〇人に影響が出た。

変電所は、有刺鉄線のついたフェンスで囲われているが、名鉄は「フェンスをよじ登ったか、わずかなすき間から侵入したのだろう。今後、対策を強化したい」と話していた。


この文章は、通信社が事実のみを報道するために書いたのであれば、たいへんよくできた文章だと思います。重要性の高い順番に書かれていて、紙面の構成によってどの段落で切ってもそれなりの情報を伝えられる作りになっています。通信社の原稿として、よく工夫された文章なのです。

しかし、新聞記事としては、これでは困ります。

あくまでも推測ですが、通信社の配信をそのまま、あるいは若干加工しただけの記事なのではないでしょうか。

鉄道会社というのは一般の企業とは違います。都市インフラを担う公益企業ですから、「猫一匹」といえども運休してしまっては問題があります。あるいは、テロリストが読んだら、「日本の鉄道網は猫一匹で混乱してしまうのか」と判断して、猫感電テロを仕掛けてくる可能性もゼロではありません。いずれにしても、再発防止策を早急に講じる必要があるわけです。

それがわかっていれば、名鉄の「今後対策を強化したい」というコメントに対して、「どのような対策を、いつまでに講じるのか」と問い返す必要性に気づくはずです。そこが通信社と新聞社の違いと言ってもよいでしょう。

繰り返しますが、すでに起こった事実を報道する通信社であれば、この文章で十分です。しかし、新聞は違います。**ジャーナリズムには未来に対して働きかけるという役割がある**のです。

ですから、名鉄に独自取材するのはもちろん、監督官庁である国土交通省にも取材して、「どのような指導をするのですか」「他の鉄道会社の安全確認はどうするのですか」と聞くぐらいのことはやるべきです。ところがこの新聞記者はそれをしていません。おそらくは通信社の原稿そのままの記事を載せてしまっています。

いまは通信社の配信もインターネットで読むことができます。それと同じ記事を、なぜお金を払ってまで新聞で読むのか。それは、同じ出来事であっても、新聞には事実の報道以外に新しい視点の提供があるはずだと読者が信じているからです。

これがなければ、通信社の記事だけあればよく、新聞社の存在意義はありません。ある場面では名文と言える作りであっても、別の場面では駄文と扱われてしまう典型的な例です。誰が読んでも名文だという文章はなく、名文とは結果であるというのがここでもよくわかると思います。

◉日本のジャーナリズムの未来を考える

さて、この章ではランダムに新聞記事を読んでみて、その文章について考察してきました。私も新聞の社説や記事を改めて読んでみて、日本のジャーナリズムはここまでレベルが落ちてしまっているのかと愕然としてしまいました。おそらくみなさんも同様に感じたのではないでしょうか。

一つ一つの記事を引用して精査してみるとよくわかるのですが、これが新聞という紙媒体として目の前に出されると、悪い文章もよい文章に見えてしまうのが恐ろしいところです。これぞスコトーマと言えるでしょう。

先ほども書いたように、日本の新聞記者、論説委員らが、すっかりサラリーマン化してしまっているところに問題があるように思います。人事権や給与の決定権などを人質に取られていますから、記者や論説委員も上の顔色をうかがいながら記事を書くことになります。

また、サラリーマンなので、どんなに下手な記事を書いてもクビになることはありません。

おのずと、よい記事を書こうという意欲も向上心も薄れます。どんなによい記事を書いても、会社の政治的な出世競争やどの上司の下についたかで昇進が決まるとしたら、よい記事を書くよりも自分を引き上げてくれそうな上司に気を使うことに重心が置かれるのも無理からぬことでしょう。

アメリカでは少し事情が異なります。

アメリカでは大新聞社にいきなり記者として就職するというケースはまずありません。そもそも、記者は基本的にフリーの契約記者です。日本でも雑誌ではよく見られるケースですが、日本の新聞記者はほぼ全員、新聞社の社員です。

アメリカでジャーナリストを志す人は、まず地元の小さな地方紙などと契約して、地元の記事を書きます。そこでよい記事を書いて認められると、もう少し大きな地方紙から仕事をもらえるようになります。そこで認められたら、またさらに大きな新聞社から仕事をもらえるようになり、それを繰り返していって、『タイム』や『ニューズウィーク』『ウォールストリートジャーナル』『ニューヨークタイムズ』のような国民的な大メディアから仕事がもらえるようになるのです。

ですから、『タイム』『ニューズウィーク』『ウォールストリートジャーナル』『ニューヨークタイムズ』といった大メディアの記者というのは、「超」がいくつもつくような一流記者たちばかりなのです。当然ながら、会社の編集権よりも執筆権の方が上なので（執筆者は原稿執筆に自身の生活がかかっています）、上司の顔色をうかがうとか、広告主への配慮などとは無縁です。

日本の新聞もアメリカのような方式で、優秀な記者が正当に評価されるようなシステムにすべきだと思います。そのためにはまず、サラリーマン記者が定年までぬくぬくと仕事もせずに過ごせるようなシステムを変える必要があるでしょう。

これができないようでは、日本のジャーナリズムは凋落の一途を辿るに違いありません。

◉新聞は「学びながら」読むことで書く力がつく

「自分は新聞記者ではないから、新聞の文章を学んでも仕方がない」と思う人もいるかもしれません。しかしそうではありません。新聞の文章も私たちが書く文章も、読者に新しい視点を示すとか、読者と臨場感を共有するとか、論点は一つに絞るとか、論理展開順か時系列順で書くなど、共通した部分がとても多いのです。

むしろ、新聞をただ読むのではなく、ちゃんとした文章が書かれているかどうかを吟味しながら、あるいは批判しながら読むと、文章力強化の勉強になります。

チェックポイントを簡単にまとめておきましょう。

- 論理展開順、あるいは時系列で書かれているか。

・主題、論点は一つか。
・読者のスコトーマを外してくれるような新しい視点を提供しているか（読んでいて「そうだったのか」と思ったら、新たな視点に気づかせてくれたと言えます）。
・自己矛盾したことが書かれていないか。
・視点が常に一貫しているか（主義主張にぶれがないか）。
・反体制の視点で書かれているか。
・一般的な報道記事の場合、４Ｗ１Ｈが書かれているか。

この章のまとめ

- 結論を明確に書くこと。
- 一つの文章に主張は一つしか入れてはいけない。
- 時系列や論理展開順で、文章がこの結論に向かって一直線に突き進む書き方をする。
- 読者のスコトーマを外して新たな考え方に気付かせるために、あらゆる文章は書かれる。
- 文章とは書き手と読み手の臨場感空間の共有の場である。
- 客観的な視点で文章を書くことを心掛ける。
- 読み手に新たな視点を提供するのがジャーナリズム。
- 未来に対して働きかけるという役割をジャーナリズムは持つ。

第七章

日本の国語教育を考える

◉あまりにもあいまいな日本の国語教育

この章では少し視点を変えて、文章を書くための国語教育(母国語としての日本語教育)のあり方について考えてみたいと思います。

私は本書の執筆にあたり、小学校、中学校、高校の国語科の学習指導要領の解説書というものを読んでみたのですが、残念ながら実のあることはまったくと言ってよいほど書かれていませんでした。日本の国語教育を担う先生方が使う指導要領がこれでは、先ほどのような新聞記者が多数育ってしまうのも無理からぬことかもしれません。

念のために言っておきますが、これは現場の先生方のせいではありません。現場の先生方の力だけではどうにもならない部分なのです。具体的に言えば、教育利権にしがみつくだけでなにもしない一部の「お偉い」先生たちの責任です。

ここで、その学習指導要領の解説書を引用して批評することもできますが、あまりにも不毛なのでしません。興味のある方は入手されて、読んでみるとよいでしょう。

そこには、「この学年の子どもたちにはなにを教えるのか」が書かれているのですが、その内容はあまりにもあいまいで、しかも学年が変わっても文章のほんの一部の単語を変えただけ（たとえば「基礎的な」を「発展的な」とか「実用的な」に変えただけ）なので、いったいなにをどう教えればよいのかがさっぱりわからないのです。現場の先生方の苦労はいかほどかと思ってしまいます。

おそらく、熱心な先生ほど苦労が多く、そのために現場からは熱意がどんどん削がれていって、やがて学校が官僚化、硬直化した組織に堕ちてしまうのだろうと想像しています。

現状を嘆いていても仕方がありません。常に未来に働きかけるために、学校教育、とくに国語教育のあり方についての提言をしてみたいと思います。

まず、小学校低学年ですが、ここは基礎的な日本語、**とくに重要な基本単語（語句）を決めて、それを確実に身につけるようにするのがよいでしょう**。

英語学習をする際、「この文章は三〇〇〇語レベル」とか「五〇〇〇語レベル」のように、単語数で文章の難易度をはかることがあります。この手法は日本語でも応用できると思います。

現在、漢字の学習については体系的になっているようですが、単語についてはそうなっていないように見えます。教科書によって、つまり学校によって学ぶ単語が異なることになりますから、ある子どもが知っている単語でも別の学校（別の地域）の子どもは知らない、下手をすると一生学ばない単語すらあり得ます。

「こんな日本語も知らないなんて」と言われても、学校で習わない言葉は、自主的に本を読む子どもならともかく、そうでない子どもは知らないのが当然ということになってしまいます（こうした現状ですから、自主的に本を読むこと＝子どもに自主的に読ませるようにすることは強くお勧めします）。

普段、それほど使わないような特殊な単語ならよいでしょう。しかし、日常、あるいは社会に出て、ビジネス文書などで普通に使うような単語を「知らない」ではまずいわけですから、せめて**小・中学校では日本人が必ず身につけるべき基本単語をしっかりと学ばせる必要があります**。

そのためには、「基本単語」をたとえば「一五〇〇語レベル」「三〇〇〇語レベル」「六〇〇〇語レベル」「一万語レベル」というように決めて（多少の幅はあってももちろんかまいません）、それらを必ず文脈の中で学ばせるようにします。

実用性を考えれば、文芸作品ではなく、できるだけ実用的な文章、たとえば実用書からの引用、ニュース原稿、国会スピーチ（常に子どもの教科書になる可能性があるという緊張感によって、国会そのものにもよい影響を与えるかもしれません）などがよいでしょう。そうなれば、こうした文章を書く人たちも、「これは三〇〇〇語レベルの文章」とか「これは一万語レベルの文章」など、レベルを意識して書くようになります。

こうすることで段階的に、確実に正しい日本語を学べるようになるはずです。

ただし、これだけでは足りません。実用としての日本語とは別に、教養としての日本語もあります。たとえば、古文や漢文がありますし、教養としてであれば文芸作品も学んでおく方がよいでしょう。もちろん、教養としての日本語ですから、やや高学年になってからで十分です。

さらに、これもやや高学年になってからでないと難しいかもしれませんが、「論理」を学ぶ必要があります。論理的な文章を書いたり、話したりする力を養うカリキュラムのことです。

本来なら、「論理」のような教科が別にあるべきだと思いますが、現状では難しいので、「国語」で扱うしかないでしょう。まずは三段論法の基本を学んでもよいですが、できればトウールミンロジックまで学べるとよいと思います。

これらを、文章表現を通して学びます。そうすることで、概念だけではなく、言葉の運用能力も養えます。

ですが、残念ながらこれらはいますぐにはできないでしょう。なぜなら、教えることができる先生方がいないからです。

繰り返しますが、これは現場の先生の責任ではありません。カリキュラムの問題であり、教員養成の段階から根本的に変えてしまわない限り不可能です。本腰を入れたとしても一〇年、二〇年という単位の時間がかかると思います。しかし、未来の日本の子どもたちのためにはどこかでやり始めなければならないことだと思っています。

◉文法を学ぶことで、抽象度の高い知識が得られる

もう一つ、私はできるだけ早い段階から日本語の文法を学ぶ方がよいと思っています。

私は英語学習に関しては、「文法は学ぶな」といろいろなところで発言しています。しかし、それは外国語を学ぶときの話です。日本語を母国語として使っている人たちにとっ

ては、**日本語の文法を学ぶことは非常に意味があります**。

文法と言うと「あの五段活用とか、形容詞とか、形容動詞とかですね」と思うかもしれません。しかし私がここで言う文法というのは、こうした古いタイプの文法ではありません。チョムスキーの生成文法のような、**普遍文法（言語一般に共通するような文法体系）**のことです。

よく「文章の書き方」に関する本で、例文を出してきて「この修飾語はこの位置ではなく、ここに置いた方がわかりやすくなります」というように、文章を添削しているものがあります（「文章の書き方」の本では、そういうタイプのものが圧倒的に多いかもしれません）。

こういう「わかりやすい日本語」について考えることは十分に意味のあることなのですが、残念ながら、汎用性がありません。つまり、まったく同じ文を作るときにはその例の通りにやればよいのですが、ちょっとでも文が変わってくると、その法則（実際には法則になっていない、単独例なのですが）が同じように使えるかどうかの保証がなくなってしまうのです。あとは、その人の言語感覚、言語的感性の問題に委ねられてしまいます。

「あの例文ではここに修飾語を置いた方がいいってことだったから、この文でもここだろう」と思っても、やってみたら変な文になってしまったということもあり得るわけです。

この方式で理想的な修飾語の位置を確定させようとすれば、日本語の文章のあらゆるケースについて言及し、文章を書くときに自分がこれから書こうとしている文章がどのケースに当てはまるのかを判断して、それを選ぶしかありません。しかし、文を書くたびにいちいちそんなことをしてはいられません。時間がいくらあっても足りませんし、そもそも日本語のあらゆるケースを想定するということが可能なのかどうかも怪しいところです。

日本語の生成文法に関する研究もかなり進んでいます。とくに情報科学系の分野で研究が進んでおり、京都大学の元総長で現在（二〇一一年）、国立国会図書館長の長尾真先生や、名古屋大学の辻井潤一先生といった人たちの研究が有名です。

ここで生成文法の詳しい説明はしませんが、興味のある方はいくつも本が出ていますので、一読されることをお勧めします。生成文法を知ると、修飾語の理想的な（正しい）位置というのは、だいたい二つか三つかの法則の組み合わせで決まってきます。つまり、例文をいちいち検証しなくても、必然的にわかるのです。

◉ディベートを必須にせよ

さらに、ぜひ取り入れてほしいのは「ディベートの必須化」です。

ディベートと言うと、日本では「スピーチの技術」とか「説得の技術」のように思われることがありますが、実はそうではありません。まして、「相手を言い負かす技術」であるとか「詭弁を弄してごまかす技術」などでは決してありません。

実は本格的なディベートというのは、「トゥールミンロジックの優劣を競い合う競技」なのです。ある論題に対して、肯定、否定に分かれて、それぞれの立場の正当性をトゥールミンロジックを使って論じ合い、ジャッジ（審判）に優劣を判断してもらうことで勝敗が決まる競技、言ってみれば論理のスポーツなのです。

日本は「和をもって貴しとなす」国で、議論は好まない国民性があるようですが、国際社会において「議論しない」ということは「相手の主張を受け入れる」ことを意味します。

つまり、**ディベート＝論理の競い合いができないと、国際社会では主張が受け入れられず、相手の言いなりになるしかなくなってしまう**ということです。

議論しなくて済んでいたのは、日本という狭い島国の中だけの話です。日本人は日本人どうし助け合うのが当たり前という社会の中で生きてきて、自分が一歩譲るのが美徳であるという文化を育ててきました。これはたいへんすばらしいことであり、日本人としては誇りに思ってよいものです。

しかしそれは「正当な主張でも口に出さない方がよい」という意味ではありません。とくに国際社会では、正当な主張はしっかりと口に出さないと主張が通らないだけでなく、「あいつには自分の意見がない」というレッテルまで貼られてしまいます。つまり「主張を持たないいやつだ」と軽蔑されてしまうのです。

今後、日本が国際社会で正当な意見を述べ、世界をリードしていくためには、ディベートができる人材（トゥールミンロジックを駆使できる人材）を数多く育てていく必要があるのです。世界を日本の言う通りに動かすという意味ではありません。**日本の立場をしっかりと論理的に主張できないと、世界で取り残されたり、他国に利用されるがままになってしまう**ということです。

これは一朝一夕にできることではありません。指導者のいない現状では、まずは指導者の養成から始める必要がありますが、いまからでも始めれば、子どもたち、孫たちの世代には間に合うはずです。

日本語の運用能力の養成という意味でも、ディベートを学ぶことはたいへん有意義です。ディベートは「話す言葉」で行いますが、これは「書く言葉」にも当然応用できます。むしろ、論理的に話すことができない人が論理的に書くことなどできるはずがありません。

できるだけ早い段階で、国語教育にディベート（スピーチコンテストのレベルではない、本格的なトゥールミンロジックの戦い）を導入することを強く望んでいます。

この章のまとめ

● 小・中学校では日本人が必ず身につけるべき基本単語をしっかりと学ばせる必要がある。
● 日本語の文法を学ぶことは非常に意味がある。
● 生成文法のような、普遍文法を学べ。
● 論理的な文章力のため、ディベートを必須にすること。

第八章

書くための「感性」を磨け

◉書くことに重要な論理を超えるものとはなにか？

この章では、「人を動かす」文章を書くための条件について考えていきます。

すでに書いたとおり、「名文」というのはあくまでも結果であって、万人が認める絶対的な名文はありません。

では、本書のテーマでもある「人を動かす」文章を書くのも結果論であって、書く側にとっては手立てがないということになってしまうのでしょうか。

もちろん、そんなことはありません。それでは、ここまで書いてきた話をすべて否定してしまうことになります。「名文」は結果論であっても、「人を動かす文章」は決して結果論ではありません。

「人を動かす文章」を書く方法（方向性）にはおもに二つがあります。

一つはここまで述べてきた方法論で、**文章力そのものを鍛える**というものです。文章に関する本のほとんどは、この方向性にのみ言及しています。

文章力を鍛えることは「人を動かす文章」を書くための基本中の基本です。そのために、とくに文芸作品ではない一般的な文章を書くための「論理」を中心に、書き方の基本を見てきました（文芸作品に必要なのは「論理」ではなく、「情動」でした）。

しかし、それだけでは足りません。「論理」を超えた概念である「感性」が必要なのです。この**「感性」を磨くというのが、「人を動かす文章」を書くための、もう一つの方向性**です。

では、「感性」とはいったいなんなのでしょうか。

◉感性とはいったいなにか？

「人を動かす文章」を書くためには「感性」が不可欠です。では、「感性」とはなんでしょう。

よく使われるのは「感性豊かな演奏」といった使い方でしょう。ここでいわれる、「感性豊かな演奏」とは、どんな演奏なのでしょうか。

この場合、「論理では説明できないすばらしさ」を「感性」という言葉で表現しています。

では、「論理では説明できない」とは、どういうことでしょう。

多くの場合、「非論理」すなわち「論理的でない」状態を「感性」と呼んでしまっているようです。しかし、**「感性」とは「非論理」のことではありません。**

楽譜というのは「論理」の世界です。周波数と時間、そして音の強弱までをも見事に論理で書き表したものが楽譜です。演奏家は、この「論理」の世界で書かれた楽譜というものをいかに再現するかが評価の対象となります。

このとき、演奏家が楽譜の「論理」から逸脱することは、通常、許されていません。ジャズやロックではアドリブという形で許されていますが、それでも複数の演奏家が一緒に演奏する場合、キー（調）を逸脱してしまうと、聞き手の耳には音楽として届かなくなります（それを狙った一部の前衛音楽もあり得ますが、例外中の例外です）。

つまり、「感情豊かな演奏家」であっても、調性は維持され、楽譜の論理からは逸脱していないということです。これは**「感性」と「論理」はまったく別物というわけではない**ことを意味しています。

たとえば、ショパンコンクールでショパンの曲が演奏される場合、演奏家はみな、ショパンが書いた（とされる）楽譜と一音たりとも違わずに演奏しています。論理の世界で言えば、みな完璧に楽譜どおりに弾きこなしているわけです。にもかかわらず、優劣が生まれるのはなぜなのでしょうか。これこそが「感性」の正体と言えます。

つまり、「論理」を完全に極め、その上で「論理」を超え、その先に辿り着くところ、それが「感性」なのです。

もし、「論理」、すなわち楽譜の完全な再現こそがピアノ演奏の究極の目的であるなら、コンピュータによる自動演奏のピアノこそが、最良の演奏であるということになります。しかし、誰もそうは感じません。なぜかと言えば、そこには「論理」の先の「感性」がないからです。

「論理」と対比される概念に「情動」があります。**「情動」と「論理」とは相容れない概念です**。

「感性が豊か」という表現は「情動が豊か」という意味と混同されがちですが、「論理」のない状態で「情動が豊か」なだけでは、「感性が豊か」にはなりません。それは先ほどの楽譜の例でわかると思います。「情動」がいかに豊かでも、「楽譜＝論理」から逸脱した演奏は高い評価を得られません。

「感性」とは「論理」も「情動」も包摂する概念なのです。

「包摂」というのは、「抽象度の高い概念で別の概念を包み込むこと」を意味します。たとえば、「動物」という概念は「牛」とか「馬」とか「人間」といった概念を包摂しています。「生物」という概念は「動物」や「植物」という概念を包摂しています(もちろん、「牛」「馬」「人間」も包摂しています)。

「動物」の例で言えば、「動物」にあたるのが「感性」で、「牛」「馬」「人間」にあたるのが「論理」や「情動」ということになります。

「感性」という言葉を「非論理」と解釈して、「情動」の一部のように使う使い方は間違っています。「論理」と「情動」の双方を兼ね備えているものが「感性」なのです。

「感性」を発揮できる人というのは、「論理」を徹底的に突き詰めて、それを乗り越えることができた人です。まずは、本書で紹介したような「論理」を徹底的に突き詰めてください。

また、「感性」を発揮するには(=「論理」を突き詰めるには)圧倒的な量の知識も必要です。自分が「感性」を発揮しようとする分野（書こうとする分野）の知識を徹底的に知り尽くし、そこから感性が生まれます。知識のない人には感性豊かな文章は書けません。

優れた画家は例外なく、絵画や画材の知識が圧倒的に豊富です。これは文章でも同じことです。

決して難しいことではありません。文章を書く前に、その分野の本をたくさん読むことです。もちろん、付け焼刃でなんとかなるものではありませんから、日頃の知識収集（読書）が大事になります。

「それでは間に合わない。一週間後までにプレゼン資料を書かなければいけない」

そういう人のために、本書ではすでに緊急対処的な方法論もたくさん紹介してきました。しかし、それらはあくまでも緊急対処です。あなたはもっともっと上を目指すべきなのです。

学校を卒業したら就職試験があるというのは、本来、誰でもわかっているはずです（親や学校がきちんと教えなければいけません）。就職活動の時期になってからあわてて知識を得ようとしても難しいでしょう。小学校、中学校時代からの蓄積がものを言ってきます。

「もう手遅れだ」と思うかもしれませんが、そこであきらめるか、そこから知識の収集を始めるかで、これから先の「感性」に影響してきます。就職試験には間に合わなくても、いまからしっかり知識の収集を始めれば、数年後には「人を動かす文章」を書ける人になり、大きな仕事を成し遂げることすらできます。あきらめてしまったら、その可能性はゼロです。

●unselfishな（利己的でない）人になること

本書では、「名文」の結果論について何度も述べてきました。

同じラブレターを書いても、相手を本気で好きだと思っている人の文章か、結婚詐欺師の文章かで、評価はまるっきり違ってしまいます。

ビジネスにおけるプレゼンテーションの文章でも、本当に顧客に有益な商品として紹介しているのか、騙してでも受注したいと思って紹介しているのかで、評価はまるっきり違ってきます。

たとえ結果論であったとしても、人を動かす文章を書くためには、文章力のほかに「あなたがいい人である」ということが絶対条件になるのです。

もしあなたが「いい人」でなかったとしたら、人を動かす文章を書いてはいけないのです。「いい人」でない人が、人を動かす文章を書いてしまうと、結婚詐欺師のラブレターや騙してでも売りつけたいセールスマンとなんら変わらなくなってしまいます。

どうかみなさんには、人を動かす文章を書く前に、「いい人」になってほしいと思います。

では、「いい人」とはどういう人を指すのでしょうか？　これは簡単です。一言「unselfish」です。日本語にすれば「利己的ではないこと」。**自分の個人的メリットを一切考えない**ということです。

ここで重要なのは「一切」という点です。あらゆる言動が「unselfish」だということです。

二〇一一年三月の東日本大震災の際、「selfish」（利己的）な言動と「unselfish」な言動が極端な形であらわになりました。それほどの被害を受けたわけではない地域で、人々が商品の買い占めに走り、スーパーやコンビニから品物が消えました。典型的な「selfish」な行動です。

それに対して被災地の避難所では、自分がいつ食べ物にありつけるかわからない状況にもかかわらず、救援物資を分け合う姿が見られました。

残念ながら、現在は多くの人が「selfish」に生きています。「unselfish」に見せかけて、実は「selfish」だったということがあまりにも多いのです。

「自分は『unselfish』な人間にはなれそうにない」

そんなことはありません。あなたはすでにスコトーマが外れ、「unselfish」になりたいと気づいているのですから、あとは行動に移すだけです。

「unselfish」な人になるためには、「unselfish」なゴール（目標）を設定してください。そして、そのゴールを実現している様子をできるだけ臨場感豊かに思い浮かべてください。そしてそれを文章にして、毎日読んでください。**そのゴールの臨場感が高ければ高いほど、**

脳が無意識のうちにそのゴールを実現するための選択をするようになります。その選択を繰り返すあなたは、「unselfish」な人になっているはずです。

あなたにはいますぐに「unselfish」な人になるための行動を起こしてほしいと思います。
そして、本当の意味で「人を動かす文章」を書ける人になってほしいと願っています。

この章のまとめ

- 「人を動かす文章」を書くためには「感性」を磨け。
- 「感性」とは「非論理」のことではない。
- 「情動」と「論理」とは相容れない概念。
- 「感性」とは「論理」と「情動」の双方を包摂する概念。
- 自分の個人的メリットを一切考えないことで、高度な感性が生まれる。
- unselfishなゴールを設定する。
- ゴールの臨場感が高ければ高いほど、脳が無意識のうちにそのゴールを実現するための選択をする。

（特別付録）

私が聞き方トレーニングを書かない理由

本書の第一弾は『人を動かす〔超〕話し方トレーニング』でした。そして第二弾が「書き方」にこだわったこの本です。

ところで、「話し方」「書き方」と来たら、やはり「聞き方」も知りたいと思うのが人情というものでしょう。

でも、このシリーズには「聞き方トレーニング」はありません。実を言えば、聞き方トレーニングの話も来ていたのですが、私は断ったのです。「聞き方トレーニング」というのは基本的に存在しないためです。

もちろん、聞き方に関する知識やテクニックというものが、巷《ちまた》に氾濫していることは承知しています。インターネットで検索をかければ、「いい聞き方」「悪い聞き方」のような知識がまとめサイトなどにありますし、書店をのぞけば、やはり聞き方のコツや技術をテーマにした本が多数あります。

ただし、そういった知識はすべてひとつの基本の上に成り立っています。その基本とは、人は「誰もが自分の話を聞いてもらいたいという欲求を持っている」というもので、聞き方のテクニックはどれもこれをベースに作られています。

要は、それらの聞き方のテクニックとは、「人の話をよく聞いてあげること」、これに尽きるのです。

しかし、そんな程度のことをわざわざ書く必要があるでしょうか？　しかも、すでに類書はたくさん出ています。新たに私が何かを書くようなジャンルではないのです。

そして、もうひとつ、私が「聞き方トレーニング」の本を出さない大きな理由があります。

それは「聞く」という行為そのものにいくつか問題があるからです。

◉聞かないことが聞くこと

そもそも「聞く」とは、どういうことでしょうか？

私はコーチという仕事柄、クライアントの話を聞くということをよくしています。そういう意味では「聞くこと」のスペシャリストです。

では、「聞くこと」のスペシャリストとして、私がどんなことを相手に聞いているのかというと、ほとんどなにも聞きません。ほとんどなにも聞かない理由は、黙っているほうが相手は話してくれるからです。

ただし、私が黙っているのは、相手の「自分の話を聞いてもらいたい欲求」を掻き立てているわけではありません。相手が話してくれるのは、もっと単純な理由で、「人は沈黙に耐えられない」からです。沈黙に耐えられずについしゃべってしまうから、私はそれを聞いているだけなのです。

「そうか、わかった！　それが聞き方のテクニックなのか」というと、もちろん、そんなことはありません。

沈黙を破るために無理矢理話す言葉には、たいていあまり意味はありません。ごくまれに、いわずもがなのことをしゃべってしまう人もいますが、それはもともと話したかったことであり、こちらが沈黙していようがいまいが、やがては自分から話し始める内容だったでしょう。そんな情報を多少早く聞けたところで、やはり、大した意味などありません。

では、なんのために私が黙っているのかというと、黙っているだけで十分に情報収集できているからです。相手の顔の表情や目の動き、仕草などから、黙っていても、その人の最近の状況なり、性格なり、クセなりは見えてきます。

また、そのための環境作りもしています。なにしろ、私のミーティング・ルームは機械式時計やパイプ、ヴィンテージギターなどがところ狭しと並んでいます。人の好奇心を掻き立てるものがいくらでもあるのです。そういったものを見た時の表情は、言葉よりも雄弁に、その人を語るのです。

つまり、聞かないほうが、より質の高い情報を私に提供してくれるので、聞かないのです。

◉聞くための前提

ここで皆さんの中には「ならば、それを本に書けばいいではないか。聞かないことが最高の聞き方というのは読んでみたい」と思った人もいたでしょう。

しかしだからこそ、私は聞き方の本を書かないのです。

そもそも「聞く」というのはどういう行為でしょうか？　例えば、あなたが誰かに話を聞きたいと思うのはどんな時なのか、少し考えてみてください。

そうですよね。自分の知りたい情報を相手が持っている時、もしくは持っている可能性があると思った時です。

簡単な例を出せば、道に迷った時です。初めて降りた駅で、自分の目的地の場所がわからなければ、近くにいる人に道を聞くことは誰でも一度ぐらいは経験があるでしょう。この誰でもしている「聞く」行為ですが、実は本質的にとても傲慢な行為です。

なぜなら、尋ねられた人はあなたに話しかけられたことで時間を失います。見知らぬ人に突然話しかけられたストレスも感じてしまうでしょう。そして、そもそもあなたと会話する必要性がありません。であるのに、あなたは勝手に話しかけているのです。

「そんな大げさな。ただ道を尋ねるだけのことじゃないか」と思う人もいるでしょう。もちろん、そうです。大げさな話です。たぶん、尋ねられた人も、たいていは快く道を教えてくれるでしょうし、本書をいま読んでいるあなただって、よほど急いでいなければ、道を教えてあげるでしょう。

しかし、この行為が相手の親切にまったく依存していることは紛れもない事実です。だから他人に道を聞く時は、できる限り丁寧に聞くわけです。

他人に道を聞かれた時に教えてあげるのは「困っている人には親切にしましょう」という子供の頃からの教えがあるためであり、多くの人がそれを共有しているからです。それがあるゆえに、私たちは道を尋ねたり、答えてあげたりしているのです。

大切なのは、このコンセンサスなのです。聞くための前提が、この例の場合は社会的に確立しているから「道を聞ける」のです。

だから、人に話を聞くときに大切なのは「どうやって聞くか」ではなく、あなたが他人になにかを聞ける状況ができているのか、聞く前提ができているのか、なのです。

●聞くとはどういうことか？

「聞く」ための環境、前提とは何でしょうか？

友達同士であれば、会話の中で自然に聞いたり、聞かれたりということが出てくるでしょう。家族同士でも聞いたり、聞かれたりは普通にあるはずです。聞きたいことがあれば、直接聞ける関係性がそこにはあります。

ですから、お母さんが子供に「先週のテストの結果はどうだったの？　何点だったの？」とズバリ聞けるわけです。一方、子供のほうは、答えたくない場合もあります。そんな時は「そこそこだったよ」などと言ったりするでしょう。

問題はここでお母さんがどうするのか、です。

聞くためのテクニックなんてものを使うでしょうか？

たぶん、使わないでしょう。というか、そんな必要はありません。「ごまかすんじゃないわよ、一体何点だったの！」と言えばいいだけです。「学校に忘れてきちゃったんだよ」などと子供がムダな抵抗してきたら、「いまから学校に行って取ってきなさい」で済むわけです。もしも、いますぐテストの点が知りたければ、お母さんが自分で学校に行って取ってくることだってできます。お母さんが知りたい情報は数分のうちに手に入るでしょう。

これが「聞く」ということです。

ここで大切なのは、お母さんが子供の話を聞き出すことができるのは、家族という関係性がしっかりしているからであって、お母さんに聞き方のテクニックがあったからではありません。重要なのはテクニックではなく、関係性のほうで、この関係性がさきほど言った、聞くための「前提」なのです。

友達同士でもそうです。聞きたいことがあれば突っ込んで聞けばいいだけです。友達という前提の上で、どこまで聞けるのか、どこまで聞いていいかは、聞く人、聞かれる人の関係性次第です。

大切なのは聞き方ではなく、前提作りのほうなのです。

はっきり言って、「聞く」ことにテクニックなど必要ありません。聞きたいことがあれば聞けばいいだけです。聞かれたほうも答えたければ答えるだけだし、答えたくなければ答えないでしょう。それでもあなたが答えを聞きたい時、やれることは自分で調べる以外にはないのです。

もしも、「いや、聞くテクニックを磨くことで関係性を良くしたいんだ」という人がいるとしたら、それは完全に詭弁です。テクニックなんかを使って関係性がよくなるわけがありません。逆にそんなことを考えているから関係性が悪くなってしまうのです。

◉聞き方のテクニックとはなにか？

ここまで、「聞く」には「聞くテクニック」ではなく、聞く者、聞かれる者の関係性＝前提が大切だという話をしました。

それでは、巷にはびこる「聞くテクニック」とはなんでしょうか？

まず、結論から言いますが、これはかなり不当な行為です。相手が言いたくないことを言わせるための方法だからです。聞き上手、うまい聞き方、聞くテクニックなど、いろんな言い方がありますが、その根底にあるのは、相手が秘匿したいと思っている情報を聞き出そうとする行為です。言葉は悪いですが、詐欺的な行為といっても過言ではないでしょう。

「いや、そんな大げさな」と思うかもしれませんが、一度よく考えてください。あなたが聞くテクニックをほしいと思う時とはどういう時でしょうか？　たいていはビジネスがらみのはずです。

「そんなことはない。顧客との円滑な関係性を築くために、話し方のエチケット的なことを知りたいだけだ」という人もいるでしょう。しかし、顧客との円滑な関係性とはズバリ、ビジネスがらみです。

そして、ビジネスであれば、相手になにかを聞くというのは情報の提供をお願いすることです。ということは、これはテクニックを必要とする話ではありません。

ビジネスの相手に情報提供をお願いする場合、必要なものは聞くテクニックではなく、対価です。

お金、もしくは同等の情報提供なのです。

私がテクニックに詐欺的なものを感じるというのは、対価を払わないで情報を得ようとしているように見えるからです。

「そんなことはない。もちろん対価は払う」というのであれば、聞き方のテクニックなど必要ありません。単なる商取引ですから価値の交換をすればいいだけです。変なテクニックを使うと、逆に自分の信用を毀損することにもなりかねません。

こう考えていくと「聞き方トレーニング」には多くの問題点があることがわかってきます。

そもそも聞くことによって利益を得るのは誰でしょうか？

当然利益を得るのはあなたです。

一方、相手はどうかというと情報を抜かれてしまったのですから、不利益が生じている可能性だってあります。仮にこちらの情報をバーターとして提供していれば、相手にも利益がありますが、その場合はやはり聞くためのテクニックなど必要ありません。相手の情報に対して、こちらも同等のものを差し出すだけですから、これは単なる取引です。

つまり「聞く」ということ、特にビジネスにおいて聞くということ、それもトレーニングを通じて聞こうという場合は、相手にはなにも情報を与えず、自分だけが得する方法を指しているのです。たぶん、聞くためのテクニックがほしい人はこのやらずぼったくりを狙っているのではないでしょうか？

私はこれが問題だと言っているのです。

聞くためのテクニックというのは、本質的に、自分の利益のために、相手の大切にしている情報を上手に聞き出す、いわば騙しのテクニックなのです。

●聞くには対価が必要

相手から情報を提供してもらうのが、聞くという行為です。

相手から情報を提供してもらう以上、自分はその対価を払う必要が生じるのは当然のことです。道を聞く場合でいえば、「ありがとうございます」とお礼を言うのは当たり前ですし、それ以前に丁寧な言葉遣いで尋ねる必要があります（といっても、これは情報の対価ではありません。最低限のエチケットであり、関係性の構築のためです)。

仲のいい友達ですら、なにか大事なことを聞く場合は手土産を渡して尋ねるでしょう。

つまり、聞き方にテクニックなどないのです。聞きたいならば対価を払うのが正当であり、これ以外の方法などありません。

ところが、冒頭で紹介したように、巷には「上手に聞く方法」的な書物の類があふれています。

問題はここなのです。

いま多くの人がタダで情報をほしがっています。対価を払わずに、相手から有益な情報を得ようと画策しています。しかも、それがあまりにも常態化しつつあるため、対価を払わないことが当たり前のような風潮ができつつあります。

私はこの風潮に警鐘を鳴らしたいと思い、『特別付録』でこの原稿を書いているのです。

◉情報はタダではないことを理解していない人が多すぎる

相手になにかを聞くためには対価が必要です。

これはごく当たり前のことです。コンビニに行ってお金を払わずに商品を持ってくれば、それは万引きでしょう。お金を払わなければいけないのはモノだけではありません。情報もそうです。いまやモノよりも情報のほうが高額な場合がほとんどですし、現代人であれば、その感覚は誰もが持っていることでしょう。

情報を得るにはお金がかかる。

これが現代人の常識であるのに、なぜか、人に話を聞くという行為はタダだと思ってしまいがちです。ここが問題の中心点であり、もしも、私が「聞き方のテクニック」というものを伝えるのであれば、ここを伝えます。

つまり、多くの人はいまだに情報がタダだとどこかで思い込んでいるのです。その思い込みを是正することは、自分にとっても相手にとっても、社会にとっても有益です。

では、情報がタダではない、ということをどうやって伝えればいいでしょうか？

特別やることはありません。例えば、誰かに道を聞かれた時に「情報はタダじゃないんだ！」などと言ったら完全に変な人です。「私は変な人です」という誤情報を周囲にダダ漏れさせてしまいかねませんから、慎んでください。

そうではなく、あなたが情報には対価がかかるものだと、ちょっと意識して暮らしていけばいいだけです。

そうすれば、世の中には、いまいろんなところで、情報はタダだと思っているうかつな人たちが多くいることが見えてきます。その見えてきたものとは、実は立派な情報ですから、あなたはそれを使ってビジネスを展開すればいいのです。そんなあなたの成功が、情報の大切さへの啓蒙活動に直結するのです。

◉情報を安易に考える人たち

情報がタダではない、なんてことは、考えてみればいまや常識中の常識です。それでも実際にその考えを身につけている人が少ないのは、情報そのものを安易に考えているからでしょう。その顕著な例が、うかつに人にモノを聞く、という行為が横行していることです。

先日私が体験したのは、車のリース会社からかかってきた電話です。私の会社では車をリースすることにしたのですが、その際、社長である私が連帯保証人になる必要がありました。リース会社からの電話は、その連帯保証人の本人確認のためのものでした。電話をかけてきた担当者は自分の会社名を名乗ったあと、私の住所、氏名、年齢等を口頭で伝えてほしいと言うのです。

しかし、私は、電話をかけてきた人間の本人証明をもらっていません。リース会社の社員だと名乗るその人物が本物であることを、私はどうやって確認したらいいのでしょうか？　もちろん、本物である可能性は低くはないでしょう。リース会社の名前や車種等は合っていたのですから。

とはいえ、一抹の不安が残ります。先に文書が送られてきているのであれば、まだわかりますが、この担当者は電話一本で済まそうというわけです。

もしかしたら担当者は、連帯保証人に対してはリース会社のほうが強い権限を持っているとなにか勘違いしているのかもしれません。要は「貸してやっている」という驕りがその会社全体に蔓延しているために、電話で本人確認という、雑な仕事をしてしまうのです。

情報を安易に考える人たちはSNS上にもいます。

TwitterやYouTubeなどソーシャル・ネットワークの世界では、「聞く」という行為をかなり安易に考えている人々が多く、彼らは、いいねボタンを押すかのように安易に他人になにかを尋ねてはトラブルを起こしています。

一例を挙げれば、私のTwitterにも匿名で質問してくる人間が日に数十人います。私はプロフィールに、私との関係性を築くための前提を提示しているのにもかかわらず、その手間を惜しむのです。

YouTubeではYouTuberたちの限度を超えた悪ふざけがたびたび問題にされています

が、これも他人との関係性を平気で無視することで起きています。

たぶん、「情報には対価がいるんですよ」と言えば、彼らだって「そんなことは知っている」と答えるでしょう。しかし、実際やっていることは、突然「聞く」という行為です。

彼らは情報を得ることの本質を理解していないのです。

●聞くには聞くための資格が必要

情報を得ることの本質とは、他人になにかを聞くためには資格が必要だということです。

友人関係や家族など特別な関係性は年月がかかります。そのような関係性を初対面の人とすぐに築くのは無理でしょう。しかし、ビジネスなどで「聞く」必要性が発生する場合があります。その時はお金や情報を提供して聞くための関係性を築くのですが、社会的に考えれば、これは「資格」です。

例えば、学生が学校の先生に質問できるのは、その学校の生徒であるという資格を持っているからです。生徒はその学校の生徒となるために、試験を突破し、授業料を払っています。だからこそ、先生に質問できるし、先生には答える義務があるのです。

アイドルのファンが握手会に行ってアイドルと握手できるのは、ファンが握手券を買ったからです。しかし、アイドルとの接触はそこまでで、アイドルに質問したい場合は本質的には別の時間と、追加の対価が必要になります。

ファンがどれほど、アイドルのことが好きであっても、アイドルの情報を集めていたとしても、それは資格とはみなされません。

では、お金さえ払えば済むのでしょうか？

そんなことはありません。態度の悪いファン、ルールを逸脱するファンは、お金を返されて関係性を解消されたり、握手券を買う資格すら剥奪されます。そして大切なのは関係性の構築のほうで、お金で買える資格は関係性構築の第一歩なのです。

そして、そういった関係作りの中では、もはや「聞くテクニック」などまったく必要ありません。必要な質問ならばすればいいし、それ以外のことは自分で調べるのです。

そもそも「聞くテクニック」がほしい人が根本的に何を望んでいるのかといえば、相手との関係性の構築のはずです。友達関係、恋人関係、そしてビジネス関係といったもので、もしも、それを望まないのであれば、相手の利益を無視した自分の利益の押し付けです。

それは昭和の時代にあった押し売りのようなものです。相手のニーズなどお構いなしに、自分の売りたいものを売る。相手の弱みにつけ込み、時には脅しながらモノを売るのです。

そこには、当然、効果的な脅し方、騙し方が必要になってくるのですが、実は、巷で言われる「話し方のテクニック」「聞き方のテクニック」は、こういったものと大差ないのです。

そんなものを身につけてどうするのですか？

その延長線上に、幸せは絶対ありません。

◉利他の心

さて、私がなぜ「聞く」ことに対して、ここまでこだわるかおわかりになったでしょう。

それは、「聞く」という行為がとても利己的だからです。

「聞く」ことは基本的に自分の利益の追求です。だからこそ、相手との関係性を構築することが何よりも大切なのですが、いまの日本は「聞く」ことを安易に考えています。しかも、安易に考えていることに自覚がない場合が少なくありません。

その一方で、現代は情報化社会です。情報化社会という言葉が陳腐に思えるほど、情報にあふれた社会になっていますし、多くの人が情報に対して敏感になっていると感じています。

しかし、現実を見ていると、人々の意識は昭和の昔とほとんど変わっていないように思われます。いえ、かえって情報の洪水に馴れっこになってしまい、情報を雑に扱うようになってさえいます。それが「聞く」という行為に対する鈍感さとして現れていると、私には思えてなりません。

皆さんも一度、「聞く」ということをきっかけにもう一度、情報とは何かを再考してみてください。

すると、TwitterやYouTubeなどを始めとするSNSのツールが一見、関係性の構築を容易に、また密にしているように見えて、実際には関係性にはほとんど貢献していないことがわかってくるはずです。

人々はムダに聞き、ムダに答えることで、守るべき情報、守るべき利益をどんどん消費してしまっているのです。

確かに、聞くという行為は、情報を手に入れるための基本中の基本です。人々が成長するためには欠かすことのできない行為ですし、答えることに対して、人々はこれまでずっと寛容でした。なぜなら情報を提供することは相手のためだけでなく、社会のためにもなっていたからです。子供にモノを教えたり、友人に情報を教えるのは結局、自らが所属する社会の向上につながるという考え方です。そこにはあるのは利他の精神でした。利他の精神があるから、安易に「聞く」ことも許されていたのです。

しかし、いまは利他の精神は影を潜め、我欲丸出しで「聞こう」とする輩が横行しています。

そんな中で、「聞き方のテクニック」の本など必要ありません。

そんなものよりもいま必要なのは、当たり前の関係性を築くことです。そして、上手な聞き方とはきちんと対価を支払うこと。これに尽きるのです。それさえ、間違わなければ、絶対にヘタな聞き方をするようなことはありません。

いま、一番大切なのはそれではないでしょうか？

聞き方に上手いなんてものはないのです。もしあるとすれば、ただヘタな聞き方があるだけです。そしてヘタな聞き方は往々にして、いわゆる、「聞き方のテクニック」そのものなのです。

ですから、皆さんはまかり間違っても「聞き方のテクニック」だけは身につけないように気をつけてください。

［著者プロフィール］

苫米地 英人（とまべち・ひでと）

1959年、東京生まれ。認知科学者（機能脳科学、計算言語学、認知心理学、分析哲学）。計算機科学者（計算機科学、離散数理、人工知能）。カーネギーメロン大学博士（Ph.D.）、同CyLab兼任フェロー、株式会社ドクター苫米地ワークス代表、コグニティブリサーチラボ株式会社CEO、角川春樹事務所顧問、中国南開大学客座教授、苫米地国際食糧支援機構代表理事、米国公益法人The Better World Foundation日本代表、米国教育機関TPIジャパン日本代表、天台宗ハワイ別院国際部長、公益社団法人自由報道協会 会長。マサチューセッツ大学を経て上智大学外国語学部英語学科卒業後、三菱地所へ入社。2年間の勤務を経て、フルブライト留学生としてイエール大学大学院に留学、人工知能の父と呼ばれるロジャー・シャンクに学ぶ。同認知科学研究所、同人工知能研究所を経て、コンピュータ科学の分野で世界最高峰と呼ばれるカーネギーメロン大学大学院哲学科計算言語学研究科に転入。全米で4人目、日本人としては初の計算言語学の博士号を取得。帰国後、徳島大学助教授、ジャストシステム基礎研究所所長、同ピッツバーグ研究所取締役、ジャストシステム基礎研究所・ハーバード大学医学部マサチューセッツ総合病院NMRセンター合同プロジェクト日本側代表研究者として、日本初の脳機能研究プロジェクトを立ち上げる。通商産業省情報処理振興審議会専門委員なども歴任。現在は自己啓発の世界的権威、故ルー・タイス氏の顧問メンバーとして、米国認知科学の研究成果を盛り込んだ能力開発プログラム「PX2」「TPIE」などを日本向けにアレンジ。日本における総責任者として普及に努めている。著書に『仮想通貨とフィンテック～世界を変える技術としくみ』（サイゾー）、『「感情」の解剖図鑑：仕事もプライベートも充実させる、心の操り方』、（誠文堂新光社）、『2050年 衝撃の未来予想』（TAC出版）など多数。TOKYO MXで放送中の「バラいろダンディ」（21時～）で木曜レギュラーコメンテーターを務める。

苫米地英人 公式サイト http://www.hidetotomabechi.com/
ドクター苫米地ブログ http://www.tomabechi.jp/
Twitter http://twitter.com/drtomabechi (@DrTomabechi)
PX2については http://bwf.or.jp/
TPIEについては http://tpijapan.co.jp/
携帯公式サイト http://dr-tomabechi.jp/

苫米地英人コレクション8
人を動かす[超]書き方トレーニング
劇的な成果が手に入る驚異の作文術

2019年3月1日　初版第一刷発行

著　　者　　苫米地英人
発 行 者　　武村哲司
発 行 元　　株式会社開拓社

〒113-0023 東京都文京区向丘1-5-2
電話 03-5842-8900（代表）
振替 00160-8-39587
http://www.kaitakusha.co.jp/

印刷・製本　中央精版印刷株式会社

ISBN978-4-7589-7058-7